대치동 이야기

대한민국 사교육 1번지 심층 분석

대치동 이야기

한경미디어그룹 특별취재팀 지음

한국경제신문

27조 1,144억 원.

2023년 사교육비 총액이다. 우리나라 국내총생산(GDP)의 2.6%, 우리나라를 대표하는 기업인 현대자동차와 기아자동차의 2023년 영업이익을 넘어서는 규모다. 영어유치원에서 재수학원까지 이어지는 사교육의 굴레는 가계뿐 아니라 국가 경제에 부담이 되는 수준까지 늘어났다.

사교육 시장이 이토록 커지는 동안 정부는 어디 있었을까? 윤석열 정부는 사교육비를 줄이겠다며 2023년 종합 대책을 발표했다.

하지만 2023년 사교육비는 4.5% 증가하며 사상 최고치를 경신했다. 윤석열 정부뿐 아니다. 지금까지 거의 모든 정부가 수많은 대책을 내놨지만, 사교육은 줄어들기는커녕 점점 늘어나고 있다.

대체제로서의 사교육이 발전하면서 공교육은 점차 약화하고 있다. 정부는 잠자는 교실을 깨우겠다고 하지만 여전히 교실 정상화는 요원하다. 학생들은 학교에서 학원 숙제를 하고, 학교 선생님들의 교권은 정부가 나서서 지켜주지 않으면 안 될 만큼 약화했다.

사교육을 받는 학생과 그렇지 않은 학생 사이의 격차도 심화하고 있다. 국회 교육위원회 강득구 의원(더불어민주당)에 따르면, 2024학년도 의과대학 입학생 4명 중 1명은 강남 3구(강남구, 서초구, 송파구) 출신이었다. 그중 강남구 한 곳에서만 전체 의대 입학생의 20%가 배출됐다. 사실상 대치동에서 교육을 받은 아이들만의 리그로 변한 셈이다.

정부의 대책이 나오면 대치동은 늘 한발 더 앞서갔다. 2023년 6월 윤 대통령이 '킬러 문항' 배제 원칙을 발표하자, 대치동은 '준킬러 문항' 대비에 들어갔다. 의대 정원을 늘리겠다는 발표 직후에는 직장인 의대반을 신설했다.

학부모들은 오랜 경험치에 따라 정부보다는 사교육을 믿었다. 정부의 대책을 현상 변화로 받아들였다. 불안한 마음에 대치동을 향했다. 그 결과, 2023년 고등학생 사교육비는 1년 전보다 8.2% 증가하며 7년 만에 최대 증가율을 나타냈다.

대치동의 경쟁력은 어디서 올까? 바로 경쟁이다. 대치동 왕좌는 영원하지 않다. 종로학원, 대성학원 등이 양분하던 대입 시장은 시대인재라는 새로운 강자에 의해 재편됐다. 영어유치원, 초등학교 국어, 중학교 수학. 모든 분야의 1위 업체는 빠르게 따라오는 2, 3위 학원들과의 격차를 유지하기 위해 노력한다. '그 선생님 별로라던데?'라는 입소문에 그동안 쌓아온 경력이 무너질 수 있다. 일타강사들이 새벽부터 일어나 밤늦게까지 강의를 준비하고, 문제를 개발하는 이유다.

대치동의 모든 것을 집중적으로 분석하는 《대치동 이야기》는 대치동을 긍정적으로만 평가할 수 없지만 알아야 한다는 당위론에서 시작됐다. 대치동이 어디인지, 대치동의 왕좌는 어떻게 변화해왔는지, 그 안에서 살아가는 학생, 학부모, 강사의 삶은 어떤지, 잘 알려지지 않은 대치동의 진짜 이야기를 하나씩 써 내려갔다.

대치동을 없앤다면 우리나라 사교육이 사라질까? 정부가 시장을 이길 수 있을까? 이들과 공존하려면 어떻게 해야 할까? 모든 질문의 답을 찾을 수는 없더라도 가까워지려 하는 발걸음은 필요하다. 대한민국 교육의 변화와 발전을 위해 대치동을 알아야 하는 이유다.

부록

2028 대입 개편안 어떻게 바뀌나

2028 대입 개편안 총정리

공정과 안정을 위한 대입 개편

2025년에 고등학교로 진학하는 학생이 2028학년도에 대학에 입학하기 위해서는 지금과는 전혀 다른 준비를 해야 한다. 당장 고등학교에 입학하는 2025년부터 고교학점제가 전국적으로 도입되는 만큼 입시 플랜을 짜기 전에 대폭 바뀐 제도를 정확히 이해할 필요가 있다.

2028 대입 개편안의 목표는 '공정'과 '안정'이다. 대입의 핵심인 수능과 내신의 공정성을 강화하면서, 학교에서 미래에 필요한 역량을 키울 수 있도록 설계됐다. 입시 현실과 이상적 교육 사이에서 조화

를 이루며, 급격한 대입제도 변화로 인해 학생과 학부모의 혼란을 방지할 수 있도록 예측 가능성도 확보했다는 평가를 받는다.

2025년부터 도입되는 고교학점제는 고등학교에서 배우고 있는 일반선택과목과 진로선택과목에 더해, 융합선택과목이 새로 편성된다. 고등학교의 내신 평가 체제는 상대평가에서 절대평가로 전환된다. 병기되는 점수 역시 기존 9등급제에서 5등급제로 완화된다.

이어 고등학교 3학년 때는 과목과 점수에 따른 유불리를 해소하기 위해 선택과목제를 폐지하고 '통합형 수능'이 실시된다. 국어, 수학, 사회·과학 탐구, 직업탐구 영역에 선택 과목이 없어지고, 모든 학생이 동일한 과목과 기준으로 평가를 받는다.

고교학점제와 절대평가

2025년부터 전국 고등학교에서 실시되는 고교학점제를 먼저 살펴보자. 학생들은 자신의 진로에 맞춰 일반선택과목(학문별 주요 내용), 진로선택과목(심화 과정), 융합선택과목(교과 융합, 실생활 응용 과정)을 이수할 수 있다. 과학의 경우, 역학과 에너지, 전자기와 양자, 화학 반응의 세계, 생물의 유전, 행성우주과학과 같은 심화 과정을

교과(군)	공통 과목	선택과목		
		일반선택	진로선택	융합선택
국어	공통국어1 공통국어2	화법과 언어, 독서와 작문, 문학	주제 탐구 독서, 문학과 영상, 직무 의사소통	독서 토론과 글쓰기, 매체 의사소통, 언어생활 탐구
수학	공통수학1 공통수학2 기본수학1 기본수학2	대수, 미적분I, 확률과 통계	기하, 미적분II, 경제 수학, 인공지능 수학, 직무 수학	수학과 문화, 실용 통계, 수학과제 탐구
영어	공통영어1 공통영어2 기본영어1 기본영어2	영어I, 영어II, 영어 독해와 작문	영미 문학 읽기, 영어 발표와 토론, 심화 영어, 심화 영어 독해와 작문, 직무 영어	실생활 영어 회화, 미디어 영어, 세계 문화와 영어
사회 (역사/도덕 포함)	한국사1 한국사2 통합사회1 통합사회2	세계시민과 지리, 세계사, 사회와 문화, 현대사회와 윤리	한국지리 탐구, 도시의 미래 탐구, 동아시아 역사 기행, 정치, 법과 사회, 경제, 윤리와 사상, 인문학과 윤리, 국제 관계의 이해	여행지리, 역사로 탐구하는 현대 세계, 사회문제 탐구, 금융과 경제생활, 윤리문제 탐구, 기후변화와 지속가능한 세계
과학	통합과학1 통합과학2 과학탐구실험1 과학탐구실험2	물리학, 화학, 생명과학, 지구과학	역학과 에너지, 전자기와 양자, 물질과 에너지, 화학 반응의 세계, 세포와 물질대사, 생물의 유전, 지구시스템과학, 행성우주과학	과학의 역사와 문화, 기후변화와 환경생태, 융합과학 탐구

(표 제목: 고등학교 교과목 구성)

들을 수 있다. 사회는 도시의 미래 탐구, 동아시아 역사 기행, 국제
관계의 이해와 같은 심화 과정을 이수할 수 있다.

사회·과학을 융합한 과목도 다수 도입된다. 사회·과학 융합 과

목이란 실생활과 연계한 탐구·문제 해결 중심 수업 내실화를 위해 도입되는 과목이다. 과학의 역사와 문화, 기후변화와 환경생태 등이 대표적이다. 문과 공부와 이과 공부를 기계적으로 분리하지 않고, 학문의 경계 없이 실생활에서 문제를 해결할 수 있는 능력을 길러 '융합형 인재'를 키워내겠다는 취지다.

내신 성적 산출 방식은 9등급에서 5등급으로 완화된다. 학령인구 감소 상황에서 학생 간 과잉 경쟁을 유발하는 9등급제를, 해외 주요국 추세에 맞춰 5등급제로 개편한 것이다. 내신 평가 개편은 2005년 이후 20년 만이다.

5등급제에서는 기존 9등급제보다 1등급을 받는 것이 비교적 쉬워진다. 누적 퍼센티지 기준 10%까지 1등급, 34%까지 2등급, 66%까지 3등급, 90%까지 4등급, 그 이하가 5등급이다. 1등급의 기준이 상위 4%에서 10%로 확대된다. 다만 1등급을 받는 인원이 대폭 늘어나는 만큼, 학생들은 대입에서 경쟁력을 확보하기 위해 고교학점제에서 심화 과정에 도전하는 등 진로에 대한 차별성을 보여주는 노력이 필요하다.

사회·과학 융합선택 과목과 과학탐구실험 과목은 상대평가 석차등급을 기재하지 않는다. 고교학점제에서 학생의 선택권을 확대하기 위해 상대평가제를 적용하지 않기로 했기 때문이다. 다만 이를 악용해 상대평가가 없는 과목에 쏠림 현상이 생기지 않도록 각 학교는 장학 지도에 각별히 신경을 써야 한다. 이 밖에도 체육, 예술, 교양 교과 역시 절대평가 성취도만 기재한다.

내신 문제도 달라진다. 기존의 지식 암기 위주 평가인 5지선다형은 가급적 출제하지 않는다. 그 대신 사고력과 문제 해결력을 평가할 수 있는 논·서술형 평가를 늘린다. 이 역시 생성형 인공지능이 등장하는 등 암기력이 더 이상 인재 양성의 핵심이 아니게 되면서, 보다 창의력을 기를 수 있는 교육 환경을 마련하기 위해 결정됐다.

교육부는 이 같은 평가 체제 혁신을 위해 교원 교육과 자료 개발에 힘쓸 계획이라고 밝혔다. 새로운 평가 제도를 도입하기 위해서는 교원들의 변화가 선행돼야 한다는 판단에서다. 절대평가제의 원활한 도입을 위해, 2025년까지 모든 고등학교 교사를 대상으로 '평가 전문성 향상' 연수를 집중 실시한다. 이렇게 길러진 핵심·선도 교원 3,000명을 한 학교에 한 명씩 전담 배치한다. 이들을 대상으로 한 연구 대회와 연구회 활성화를 지원한다. 또 국가·시도 평가관리센터를 중심으로 국가 수준 평가 기준을 마련하고, 평가 관련 자료를 보급한다.

고교학점제는 학교마다 개설되는 과목이 달라, 고등학교를 선택할 때 어느 학교에서 무슨 과목을 배울 수 있는지 확인해볼 필요가 있다. 자신이 정한 진로에 맞는 과목을 이수할 수 있는 학교를 찾아야한다. 예컨대 진로 방향을 인문계로 정한 상위권 학생들은 문과 관련 교과과정에 특화된 외고나 국제고 진학을 고민해볼 수 있다.

수능 선택과목제 폐지

대학수학능력시험에도 대대적인 변화가 예정돼 있다. 2028학년도 수능부터 선택과목제가 폐지된다. 그동안 수능은 과목 선택에 따른 유불리가 존재한다는 지적을 받아왔다. 상위권 대학에서는 원점수가 아닌, 평균 점수와의 차이로 산출하는 표준점수를 통해 학생들을 선발해왔는데, 선택과목 난이도와 응시 집단의 성적에 따라 만점자의 표준점수가 달라 과목별 유불리가 형성된 것이다. 뿐만 아니라 고득점자를 피해 쉬운 과목으로 쏠리는 현상도 있었다.

현행 수능 국어 영역은 공통 과목으로 독서, 문학을 치르고, 선택과목으로 화법과 작문, 언어와 매체 중 한 과목을 선택해 응시한다. 앞으로는 이것이 하나의 공통 과목으로 통합돼, 모든 학생이 화법과 언어, 독서와 작문, 문학을 풀게 된다.

수학 영역은 공통 과목으로 수학I, 수학II를 치르고, 선택과목으

2028 수능 개편안		
영역	현행(~2027 수능)	개편안(2028 수능~)
국어	**공통+2과목 중 택1** · 공통: 독서, 문학 · 선택: 화법과 작문, 언어와 매체	**공통** (화법과 언어, 독서와 작문, 문학)
수학	**공통+3과목 중 택1** · 공통: 수학I, 수학II · 선택: 확률과 통계, 미적분, 기하	**공통** (대수, 미적분I, 확률과 통계)
영어	**공통** (영어I, 영어II)	**공통** (영어I, 영어II)
한국사	**공통** (한국사)	**공통** (한국사)
탐구 사회·과학	**17과목 중 최대 택2** · **사회: 9과목** 한국지리, 세계지리, 세계사, 동아시아사, 경제, 정치와 법, 사회·문화, 생활과 윤리, 윤리와 사상 · **과학: 8과목** 물리학I, 화학I, 생명과학I, 지구과학I, 물리학II, 화학II, 생명과학II, 지구과학II	· **사회: 공통** (통합사회) · **과학: 공통** (통합과학)
직업	1과목: 5과목 중 택1 2과목: 공통+[1과목]	· **직업: 공통** (성공적인 직업생활)
제2외국어/한문	9과목 중 택1	9과목 중 택1

로 확률과 통계, 미적분, 기하 중 한 과목을 응시해왔다. 2028학년도부터는 공통 과목으로 대수, 미적분I, 확률과 통계를 본다. 심화수학(미적분II, 기하)은 제외된다. 학계에서는 학생들의 수학 학습 범위가 줄어드는 것에 우려를 표했지만, 교육부는 고교학점제를 통해 심화수학 학습 결과를 대학이 평가할 수 있다고 판단했다.

대치동 이야기

현행 공통인 영어와 한국사는 그대로 유지된다. 17개 과목이던 사회·과학 탐구 영역도 통합사회와 통합과학, 이렇게 2개 과목으로 준다. 사회탐구 영역은 한국지리, 세계지리, 세계사, 동아시아사, 경제, 정치와 법, 사회·문화, 생활과 윤리, 윤리와 사상 등 9개 과목이었다. 과학탐구 영역은 물리학I, 화학I, 생명과학I, 지구과학I, 물리학II, 화학II, 생명과학II, 지구과학II, 이렇게 8개 과목이었다. 2028학년도 수능 이후에는 모든 학생이 공통으로 사회와 과학 시험을 치른다. 단 대입전형 활용 등을 고려해 시험 시간과 점수는 분리된다.

교육부는 학생들이 대비할 수 있도록 수능 통합사회와 통합과학 예시 문항을 공개했다. 공개된 문항을 살펴보면, 문제의 기반이 되는 지문과 답을 골라야 하는 선지에 여러 과목이 혼재해 있다.

통합사회 예시 문항은 사우디아라비아 지역의 지도와 함께 여행 일지를 제시하고, 해당 지역의 기후, 문화 등과 관련한 설명 중 옳은 내용을 고르도록 했다. 지문을 이해하고 답을 고르려면 기존의 세계지리와 사회·문화 과목을 모두 알고 있어야 한다.

통합과학 역시 기존 물리, 화학, 생명과학, 지구과학의 선택과목 개념에 더해 빅데이터 분석 능력을 요하는 문제가 제시됐다. 교육부는 고1 교육과정으로 출제 범위를 제한하되 여러 과목을 모두 공부해야 할 필요성을 만들도록 출제 방향을 선보였다.

한편 EBS 간접 연계율 50%는 현행 방식을 유지할 예정이다. 아울러 기존 9등급제도 유지한다. 또 등급 산출 방식 역시 원점수 없이 각 응시 과목의 표준점수, 백분위, 등급이 제공돼 현 수능과 큰 변화가 없을 전망이다.

2028 대입 개편안,
대치동 학원가의 대응은

분주해진 학원가

2028학년도 대입 개편안이 윤곽을 드러내자마자, 대치동 학원가는 발등에 불이 떨어졌다. 개편된 대입제도를 제일 처음으로 경험할 예비 고등학생들과 그 학부모들의 최대 관심사이기 때문이다. 대치동 학원가는 2024년 초부터 중학교 2학년 이하의 자녀를 둔 학부모들을 대상으로 줄줄이 입시설명회를 열었다. '통합형 수능' 및 '내신 5등급제'로 바뀌는 이번 개편안은 현 초·중등생 학부모가 반드시 알아야 할 입시의 가장 큰 변화라는 판단에서다. 여기에 의과대학 정원 확대, 첨단 학과 증원, 무전공 선발 확대, 2025 고교학점제 등 교육 정책의 굵직한 변화는 지금 학부모들의 가장 큰 관심사이자 고민이라는 점도 고려했다.

개편안을 고려한 대치동 학원가의 설명회는 기존처럼 학생의 실력 상승을 위한 각자의 전략을 소개하는 자리와는 분위기가 달랐다. 입시 시장의 변화를 예측하고, 고등학교 선택 전략 등을 종합적으로 강조하는 자리였다. 실제로 과목별 탄탄한 학습이 필요한 이 시점에 학원들은 내신과 대학수학능력시험, 고교학점제 등 개편안에 대비해 교육 커리큘럼을 짜고 있다. 특히 내신은 기존 9등급제에서 5등급제로 개편된다는 점에서 국어, 영어, 수학 등 주요 과목을 가르치는 학원은 탄탄한 내신 대비의 중요성을 입을 모아 강조했다. 과목별 절대평가, 상대평가 성적을 함께 학생기록부에 기재한다는 특징이 생겼다는 점도 신규 커리큘럼을 짤 때 고려했다는 설명도 잊지 않았다.

중등 종합학원의 대책

학원가는 고교학점제의 영향으로 자율형사립고등학교와 특수목적고등학교가 다시 주목을 받을 것이라고 예측하고 있다. 특목고에서 3~4등급을 받던 학생들이 개편안 이후 2등급이 되니 상황이 유리해졌다는 것이다. 자사고와 특목고 대비에 특화된 입시 종합학원인 미래탐구대치중등센터는 2024년 5월 입시설명회를 열고, 2025학년도 고교 내신 등급 체계의 큰 변화와 수능 과목 변경에 따른 고교 학습 설계, 예비 고1 교육과정 및 대학 수시·정시의 변화, 학교 선택 및 학교생활, 3년간의 로드맵 등을 제시했다.

미래탐구대치중등센터는 전반적인 로드맵 제시에 앞서 국어, 영어, 통합사회 과목별 강사를 초빙해 설명회를 진행했다. 이 학원은 "국어 과목의 경우, 중학교 기본 실력으로 내신과 수능을 대비하기 어려워졌기 때문에 방학을 활용한 고교 선행학습으로 시간 배분 능력과 문제 풀이 능력을 키워낼 것"이라고 강조했다. 또 통합사회 과목은 여름방학에 이어 겨울방학까지 두 차례 특강을 통해 선행학습을 마치는 것이 도움이 될 것이라고 했다.

또 다른 대치 중등 종합학원인 원인학원은 공식 블로그를 통해 2024년 현재 중학생을 위한 2028 대입 개편안 대비법을 공유하는 식으로 홍보했다. 이 학원은 "특목고, 자사고, 일반고 중 어디로 진학할지는 현재 학생의 국어, 영어, 수학 실력에 달려 있다"며 국어와 영어 과목에서 중요한 것은 비문학 독해 능력이라고 짚었다. 수학은 선행학습이 더욱 중요한 시점이라고 언급했다. 아울러 "문과 학생들은 일반선택과목까지, 이과 학생들은 기하, 미적분 등에 대해 선행학습을 하고 고등학교에 입학하는 것이 좋다"고 조언했다. 또 바뀐 고교학점제에 맞춰 서울대학교가 강조한 '진로 8가지 트랙'을 통해 '자기 진로 점검'을 해볼 것을 권유했다.

중등 국어, 어떻게 달라질까

주요 단일 과목을 가르치는 학원들도 선행학습이 더 중요해졌다고 입을 모았다. 내신과 수능 할 것 없이 전 과목에서 체계적이고 수준 높은 학습 역량을 갖춰야 한다는 판단에서다. 특히 국어 과목의 기본이 되는 문해력을 강조하고 나섰다. 대치동 중등 국어학원으로 유명한 기파랑문해원은 2023년 10월 말 입시설명회를 열고, 국어 과목이 전보다 더 중요해졌다고 강조했다. 기파랑문해원 자료에 따르면 수능 국어 만점 인원이 2014학년도 약 1만 5,000명에서 2024학년도 64명으로 크게 줄었다. 이 기간 수능 국어 표준점수는 127점에서 150점으로 높아진 만큼 문제 난이도가 높아지고 있다고 짚었다.

설명회에서 이준기 기파랑문해원 원장은 초등 시절부터 독서가 중요하다고 강조하며 "초등 저학년은 '쓰기' 중심 문해력 문제집을 추천한다. 초등 고학년부터는 독서 논술학원을 통한 독서 확장 수업과 문해력 학습이 필요한 시기"라고 덧붙였다. "중등 때부터는 국어 내신 100점을 위한 공부가 중요하다. 내신 기본 문제는 암기와 성실성이 중요하지만, 변별력을 요구하는 문제는 평소 문해력이 미세한 점수 차를 가를 것"이라는 취지로 강조했다. 내신 외 공부로는 수능 국어와 생활기록부 관리, 자기주도학습이 중요하다고 했다. 이에 따라 학원 측은 학습 전략을 크게 5개 과정으로 나눠서 문해력과 실전 국어 문제 풀이 등을 종합적으로 대비하겠다고 했다.

또 다른 대치 중등 국어학원인 문해와수리는 구조적인 글쓰기 등 국어 실력을 키울 뿐 아니라 전 과목에서 써먹을 수 있는 문제 해결 능력과 학업 기초와 틀을 만드는 것을 돕겠다고 홍보했다. 이 학원은 전문 교재를 만드는 강사진이 현재 메가스터디교육 논술 모의고사 출제위원 등이라고 부모들에 알렸다. 개편안을 반영한 입시 전략을 알리는 설명회 당일에는 학생들이 바로 레벨테스트를 받을 수 있게 도왔다. 아이의 학습 태도와 문제 풀이 과정을 보고 적합한 반을 바로 배정하는 식으로, 일찌감치 신규 학생 모집에 적극적인 모습을 보였다.

중등 수학, 과학, 영어, 어떻게 달라질까

중등 수학 및 과학 학원으로 유명한 대치파인만학원은 2023년 1월 대치파인만 특별관을 개원하는 동시에 입시 전략 설명회를 진행했다. 이 설명회에서 학원은 자연계열, 인문계열 학생의 학기별 추천 교육과정을 강조했다. 특히 설명회 당일 '진로 탐색 프로그램'을 추천해 부모들의 눈길을 끌었다. 사전 조사 및 분석을 거쳐 학과 계열 선정 검사(40분), 파인만 진로 성향 세부 계열 검사(50분), 학생 인터뷰(20분), 진로 성향 세부 계열 결과 상담 및 고교 선택 컨설팅(30분)을 제공한다고 알렸다. '절대 문과', '이과 성향 문과', '문과 성향 이과' 등 학생의 성향을 고려한 학습 전략을 짜겠다는 것이다.

중학생을 대상으로 하는 대치동 영어학원 분위기는 비슷비슷하다. 에이닷영어학원은 자체적으로 설계한 '중등 집중 관리 프로그램'을 통해 입시를 준비하며 문제가 될 수 있는 공부 습관을 바로잡고, 자기주도학습으로 이어지는 순수 공부 시간을 낭비하지 않도록 학생 '밀착 관리'에 힘쓰겠다고 강조했다. 또 매월 시행되는 월간 평가로 배운 내용을 상기하고, 완벽하지 않은 학습 취약 부분을 꼼꼼히 점검하도록 하겠다고도 했다. 학원 측은 "지금 필요한 것은 단순히 고등학교 과목별 진도만 빼는 식의 학습이 아니"라며 "학생의 학습 역량과 수준을 객관적으로 평가해 입시를 준비하는 데 최적의 학습 습관을 만드는 것이 중요하다"고 덧붙였다.

고등 전문 학원의 대책

수능과 맞닿아 있는 고등 전문 학원도 본격적인 2028 대입 개편안 대비에 돌입한 모양새다. 2024년까지는 개편안에 해당하는 학생들이 모두 중학교에 머물러 있었으나, 2025년부터는 고등학교도 개편안의 영향권으로 들어서기 때문이다.

학원가 입장에서는 당장 2024년 겨울방학에 맞이할 학생부터 개편안에 기반한 커리큘럼으로 지도해야 하는 상황이다. 모든 수험생이 같은 과목·문제를 푸는 '통합형 수능'이 골자다. 2022 개정 교육과정에 따라 각 고등학교에서 시행될 내신 5등급제와 고교학점제 또한 2025년부터 적용된다. 고등 전문 학원은 수능부터 내신 대비전략까지 모두 새롭게 짜야 하는 시기에 당면했다.

고등 국어, 어떻게 달라질까

중등 학원가가 고등학교 선택 전략 설명회나 고등학교 입학 전 다져야 할 과목별 기본기에 집중했다면, 고등 학원가는 각 단과학원마다 개정 교육과정에 따른 세부 시간표를 공개하고, 수능 대비를 위해 어떤 공부를 해야 하는지, 진학할 고등학교별로 내신 대비는 어떻게 해야 할지 등 구체적인 방향성을 제시하는 데 집중한 모습이었다.

특히 학원가는 학생들이 고등학교에 입학해 처음 치를 모의고사를 단기 목표로 삼아 시간표를 구성했다. 대치동의 유명 국어·논술학원인 산김영준국어논술전문학원은 비문학, 고전문학, 현대·고전문법 과목을 중심으로 짠 예비 고1 시간표를 홈페이지에 공개했다. 고1 국어 교과서 분석, 빈출 작품 반영 등 개정 교육과정에 따른 커리큘럼임을 강조한 모습이다. 학교 내신 평가에서 5등급제와 함께 논·서술형 평가를 늘리겠다는 교육부 방침에 따라, 수강생들에게 서술형 훈련을 위한 과제도 추가로 부여된 점도 특징이다.

고등 수학, 어떻게 달라질까

깊은생각수학학원의 경우, 홈페이지에 2015, 2022 두 교육과정의 단원명을 한눈에 확인할 수 있게끔 표로 비교해뒀다. 고등학교 1학년 학생이 배울 공통수학 1·2에서는 이전 교육과정에서 빠졌던 행렬 단원이 다시 추가됐다. 본격적인 수능 범위에 해당하는 대수, 미적분Ⅰ, 확률과 통계의 경우, 이전 교육과정과 과목 이름만 다를 뿐 학습 단원은 동일하다. 다만 두 과목 중 하나는 무조건 선택해 시험을 치러야 했던 미적분Ⅱ(이전 교육과정의 미적분)와 기하가 전부 진로선택과목으로 빠지고, 내신 대비로만 준비하는 과목이 됐다.

이 학원은 개정 교육과정 적용을 기반으로 '내신 완벽 대비'를 표방하고 나섰다. 휘문고반, 단대부고반 등을 2025년 1월부터 개강해 1등급 확보에 매진한다는 설명이다. 수능에서 미적분Ⅱ와 기하가 빠지는 만큼 해당 과목의 내신 성적이 추후 수시전형 등에서 중요한 평가 요소로 꼽힐 것이란 전망 때문으로 풀이된다.

2025년 어떻게 준비할까

교육과정과 대입 개편안에서 변화의 폭이 가장 적은 과목으로 꼽히는 영어의 경우, 커리큘럼 등은 기존과 크게 다르지 않은 모습이었다. 다만 대치동 고등 영어학원가는 2024년 여름방학까지는 예비 고1의 외고 등 특목고 진학 준비에 주력한 모습이었다. 내신이 9등급제에서 5등급제로 변화하면서, 대입에서 내신의 중요성이 다소 약화할 것으로 전망했기 때문이다. 내신 성적 확보가 어렵더라도 면학 분위기가 좋은 학교에 대한 학부모의 선호가 늘고 있다는 의미다.

다만 2024년 겨울방학은 학생들이 실제 입학할 고등학교의 가닥이 잡히는 시기로, 강남 8학군 주요 고등학교 및 특목고 입학 예정자를 위한 설명회를 학교별로 진행했다. 학교별 영어 내신 문제의 특징 등을 설명하는 자리였다. 이외 문법, 단어 등 수능 영어에서 기본이 되는 암기 기반 과목들을 예비 고1 시간표에 배치해 초석을 다지는 모습이었다.

국·영·수·사·과 전 과목을 다루는 강남종로학원 대치캠퍼스의 경우, 2025년 1월 2일 개강하는 예비 고1 윈터스쿨을 널리 알리는 모습이었다. 5주간의 윈터스쿨 기간 내 수학에 가장 많은 수업 시수를 배정, 고1 1년 과정인 공통수학 1·2를 끝내서 학기 중에는 다른 과목의 공부 시간을 확보할 수 있게끔 구성했다. 영어는 내신 대비를 위한 서술형 연습을 배치한 것이 눈에 띈다. 통합사회와 통합과학 역시 주당 각 4시간씩 배정, 국영수와 비슷한 수준으로 시수를 짰다. 예비 고1부터 통합사회와 통합과학 과목을 수능에서도 치러야 함에 따라 해당 과목의 중요성이 과거 대비 높아진 것으로 풀이된다.

다만 재수 등 수능 대비만을 중심으로 운영되는 학원의 경우, 구체적인 대응책을 함구하는 상황이다. 아직 개편안을 반영한 수능까지 3년가량 남은 만큼 내부적으로 대입 전략 분석이 계속 진행되고 있다는 설명이다. 수능 단과 수업과 재수 종합 커리큘럼을 주력으로 하는 시대인재학원은 "2028 개편안에 따른 커리큘럼을 계속 논의 중"이라며 "학부모와 학생의 니즈를 최대한 반영해 구성할 예정"이라고 밝혔다.

최민병 강남종로학원 대치캠퍼스 원장 미니 인터뷰

Q. 2028 대입 개편안에서 내신 5등급제가 눈에 띈다. 고등학교 내신 대비 전략도 달리 세워야 할 것 같은데.

A. 아무래도 내신보다는 면학 분위기에 맞춰 고등학교에 진학하는 분위기가 강화됐다. 내신 등급별 폭이 넓어지면서다. 기존 9등급제는 1등급이 4%, 2등급이 7%였다면 새로운 등급제에선 상위 10% 안에만 들면 전부 1등급이다. 소위 '내신 따기 어려운 학교'로 불리던 곳에서도 좋은 내신 성적을 기대해볼 수 있다는 기대감이 퍼져 있는 상태. 대신 상위권 학생의 경우 '무조건 1등급' 기조가 더욱 강화될 것이다. 5등급제 비율대로라면 기존 9등급제에서 3등급부터 4등급 일부에 해당하던 학생들이 모두 2등급으로 평가된다. 내신으로 대입을 노린다면, 1등급이 아니고서야 명함을 내밀기 어려운 상황이 돼버렸다.

Q. 수능 과목별 주요 변화도 궁금하다. 수학 과목 범위 축소에 관한 이야기가 가장 많다.

A. 교육과정만 보면 국어, 영어는 큰 변화가 없다. 사회와 과학은 문·이과 구분 없이 모든 수험생이 시험을 치른다. 사회와 과학은 평이한 수준으로 출제될 것으로 보인다. 이에 평가원이 주요 과목인 국영수에서 변별력 있는 문제를 출제할 것으로 전망하고 있다. 대학 또한 국영수 성적 반영 비율을 높일 거란 분석이 많다. 시험 범위가 줄어들면 정작 시험 난이도는 어려워지는 경향이 있기에 철저히 대비해야 한다는 분위기도 팽배하다.

수학도 언뜻 현재 문과가 치르는 범위로 축소 통합된 것처럼 보이지만, 사실 대학별 모집 요강이 변수다. 상위권 이공계 대학에서 '학생이 미적분II, 기하를 수강했는지', '이 과목 내신 성적이 몇 등급인지' 등을 필수 자격 조건으로 제시할 수 있기 때문이다. 수시나 정시에서 이 요소가 대학 합격을 좌우할 수도 있을 거란 생각이다.

Q. 대치동 학원가는 개편안 분석에 따라 어떻게 움직이는 분위기인가.

A. 교육과정과 입시제도가 바뀔 때마다 전례가 없어 준비를 철저히 하는 경향이 있다. 새로운 제도가 정착하기까지는 학생들의 사교육 의존도가 높아질 수밖에 없다. 대학별 상세 모집 요강이 나오면 더 정밀한 분석이 가능하겠으나, 고등 전문 학원들은 대체적으로 '내신과 수능 다 철저하게 준비하자' 주의로 커리큘럼을 짜고 있다. 입시설명회도 마찬가지다. 학부모님들이 유독 많이 몰리기 때문에 개편안을 철저히 분석해 다각도로 전망을 제시하고 있다.

Q. 매번 개편안이 처음 적용되는 학생들은 부담감을 크게 느낀다. 2028 수능 대비에 있어 어떤 자세가 중요한가.

A. 수험생 모두 변화된 수능을 '처음' 치른다는 점에서는 공평하다. 재수생이 접근하기에도 다소 까다로운 해가 될 것이므로, 어떻게 보면 현역에게 유리하다. 수능 대비 과정에서 전혀 예측하지 못한 문제가 등장하더라도, '다른 학생들도 혼란스러울 것'이라는 생각으로 의연하게 시험에 임할 필요가 있다.

1장

대치동 아이들, 무엇이 다른가

1

24시간이
모자라

대치동 유치원생의 하루

서울특별시 강남구 대치동 미도아파트에 사는 6세 A군의 하루는 매일 오전 8시부터 숨 가쁘게 돌아간다. 아침에 일어나서는 영어 애니메이션이나 동요를 들으며 등원 준비를 한다. 셔틀버스를 타고 영어유치원에 가서 오전 9시부터 오후 3시까지 원어민 선생님과 지낸다.

오후 3시 30분. 전문 보모와 함께 하교한다. 집에서 간식을 먹고 나서는 집 근처 피아노학원과 수영교실에 번갈아 간다. 오후 5시께 집으로 돌아오면, 저녁 식사 전까지 유치원 숙제를 하거나 수학 연산 학습지를 푼다.

저녁 식사를 하고 나서도 아직 일정이 남아 있다. 영어 회화 과외 선생님이나 한글 또는 수학 학습지 선생님이 일주일에 한두 번꼴로 집을 찾는 것이다. 매일 자기 전 30분 동안 한글 책을 읽는 것도 빠뜨리지 않는다. 수면 시간도 성장에 영향을 미친다는 이유로, 오후 10시 이전 취침이 엄격하게 정해져 있다.

주 1회, 평일 저녁이나 주말에는 사고력수학학원에 다닌다. 토요일 오전에는 동네 친구들과 농구교실도 간다. 주말 오후, 영어 도서관에 들렀다 귀가한다. 6세 A 군의 일주일이 영어로 시작해 영어로 끝나는 것이다.

기저귀 떼면서부터 고민 시작

현행 유아교육법상 영어유치원은 교육부의 인가를 받은 유치원이 아니라 어학원이다. 올바른 명칭은 '유아 영어학원', '영어학원 유치부'.

대치동 아이들은 생후 24개월이 지난 3살 무렵부터 이 영어 교육기관을 다닌다. 요즘 대치동에서 입학하기 어렵기로 손꼽히는 유치원은 생후 20개월부터 입학이 가능한 애플트리유치원이다.

이 유치원의 경우, 매년 10월경 원생을 모집한다. 이때 부모에게 가장 필요한 것은 '스피드'다. 신청일 오전 10시 정각부터 미리 공지한 링크에서 입학 신청을 접수받는데, 몇 초 지나지 않아 마감돼버리기 때문이다. 선착순 등록에 성공했다는 알림을 받으면, 그 즉시 입학금을 입금해야 한다. 조금이라도 늦을 경우, 다음 학생에게 기회가 넘어간다.

바늘구멍을 뚫고 입학시킨 애플트리유치원이지만 자녀가 4살이 되면, 부모는 미련 없이 게이트유치원으로 전원을 준비한다. 게이트유치원은 GT영재테스트에서 상위 5% 이내에 들고, 자체 '레테(레벨테스트)'를 통과한 소수의 아이만 다닐 수 있다는 유명 유치원이다. 대치동에서는 이 게이트유치원의 입학시험을 '4세 고시'라고 부른다. 참고로 GT영재테스트는 YBM 계열 기업이 실시하며, 응시료는 15만 원 정도다.

레벨테스트는 말하기와 쓰기 시험으로 이루어진다. 말하기 시험의 경우, 아이가 기본적인 자기소개, 계절, 날씨, 날짜, 교통수단, 도형 등을 영어로 말할 수 있는지를 원어민 강사가 확인한다. 쓰기 시험에서는 삼선 공책의 선에 맞춰 알파벳을 쓸 수 있는지와 숫자나 간단한 단어를 영어로 쓸 수 있는지를 평가한다.

애플트리유치원 입학이 치열한 것도 이곳을 다니면 게이트 유치원 입학이 수월하다는 이유에서다. 고등학교에서 매년 인서울(서울 소재 대학) 합격생과 의치한수(의대, 치대, 한의대, 수의대) 합격생을 실적으로 내세우듯 애플트리유치원의 아웃풋은 4세 원생들의 게이트유치원 합격률이다.

이렇게 3세에 애플트리유치원, 4세부터 게이트유치원 코스를 밟은 아이를 대치동에서는 '성골'이라고 부른다. 대치동에서도 가장 이상적으로 여기는 로드맵이지만, 월 100만 원 후반대의 교육비를 감당할 수 있는 경제적 여건이라고 해도 입학 문턱이 워낙 높아 아무나 갈 수 없기 때문이다.

월 200만 원 육박하는 비용에도 입학 경쟁 치열

2023년 12월 기준, 서울시 영어유치원의 월평균 교습비와 기타 경비는 141만 7,000원이었다(강득구 더불어민주당 의원이 2024년 3월 교육부와 시도 교육청에서 제출받은 자료 바탕). 대치동 인근의 영어유치원 교습비는 더 비싼 편이다. 앞서 언급한 애플트리유치원의 월 수강료는 셔틀버스 이용 시 176만 원이다(2024년 기준). 대치동 학원

교습 과정	교습 과목	정원 (반당)	총 교습 시간 (시간/주)	교습비 (만 원)	기타 경비		총교습비(만 원) [교습비+기타 경비]
					구분	금액(만 원)	
실용 외국어 (유아/ 초, 중, 고)	영어 (유치부)	14	26	165	차랑비	7	277
					재료비(연 결제)	40	
					피복비(연 결제)	50	
					급식비	15	

가에 위치한 한 유치원은 급식비까지 포함해 187만 원이다. 피복비 50만 원과 재료비 40만 원은 별도다.

애플트리유치원→게이트유치원 코스를 밟지 않더라도 영어유치원을 다니는 아이는 많다. 학령인구까지 감소하는 와중에도 영어유치원은 전국적으로 성행하고 있다. 2019년 615곳이던 유아 영어학원은 2022년 811곳, 2023년에는 842곳으로 늘었다. 5년 새 37%나 증가한 것이다.

대치동 인근의 인기 영어유치원을 5곳 이상 돌아봤다. 상호 노출을 꺼린 한 영어유치원 관계자는 "신입생 학부모라 하더라도 예약 없이 방문하면 상담이 어렵고, 입학 대기 인원이 많아 순번을 받고 기다리는 상황"이라고 밝혔다.

대치동에서는 영어유치원이라는 대전제 아래 '애바애(아이마다 맞는 교육 방식이 다르다는 의미)'가 통한다. 아이가 학습량을 소화하기

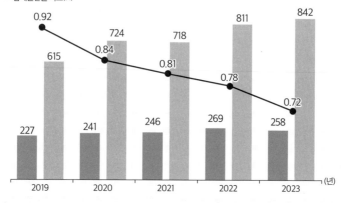

최근 5년간 유아 영어학원(영어유치원) 증가 추이

■ 서울 영어유치원 수
■ 전국 영어유치원 수
◆ 합계출산율 지표(%)

	2019	2020	2021	2022	2023
서울 영어유치원 수	227	241	246	269	258
전국 영어유치원 수	615	724	718	811	842
합계출산율 지표(%)	0.92	0.84	0.81	0.78	0.72

(년)

출처: 국회 교육위원회 강득구 더불어민주당 의원실, 교육부

힘들어하거나 영어에 흥미를 잃는 듯하면 숙제가 없는 놀이식 영어
유치원을 고려한다. 이런 이유로 유치원 앞에 뛰놀 수 있는 널찍한
운동장이 있고, 숙제가 적은 개포동 소재 PSA유치원도 학부모들
사이에서 인기다.

영어유치원은 대부분 미국 출판사의 유아용 또는 초등학생용 학
습서를 활용한다. 발음 중심의 어학 교수법인 '파닉스(phonics)'를 기
반으로 한 도서가 많다. 교재를 활용해 알파벳을 읽고 쓰는 법을 배
운다. 여느 유치원처럼 신체 활동, 동요, 미술, 창의 활동, 발달, 예절
수업도 한다. 다만 모든 수업이 영어로 이루어진다. 학습 방식에 따

대치동 이야기

라 학습식 유치원은 교재 한두 장 분량의 숙제가 있고, 놀이식 유치원은 신체 활동 시간이 더 많다.

좋은 '영유'라 부르는 기준

상담조차 쉽지 않은 대치동 영어유치원 중 '좋은' 영어유치원의 기준은 뭘까?

대치동에서 영유아 컨설턴트로 활동하는 박은주 링고맘에듀 대표는 "유치원생도 학업성취도를 평가하는 도구가 있다"며 "영어 원서의 난이도를 구분한 AR지수에 따라 아이에게 책을 읽힌 뒤, 이해도를 묻는 방식으로 측정한다. SEL(Star Early Literacy, 듣기), SR(Star Reading, 읽기) 테스트 등 영어 능력 진단 프로그램을 활용해 주기적으로 아이의 학습 상태를 평가하기도 한다"고 설명했다.

연령대에 따라 좋은 유치원이 달라진다는 점도 요즘 대치동 영유아 교육의 특징이다. 과거에는 영어유치원을 학습 방식에 따라서만 구분했다면, 이제는 더 정교하게 세분화됐다. 3세는 영어 놀이학교, 4~5세는 놀이식, 6~7세는 학습식에 다니고, 7세부터는 프렙학원을 병행한다. 여기서 프렙이란 준비를 뜻하는 'preparation'에서

따온 말이다. 유치원을 졸업하고 초등학생이 되면 다닐 대치동 빅 5(ILE, PEAI, 렉스킴, 에디센, 해빛나인) 영어학원 레벨테스트를 준비하기 위한 어학원을 의미한다. 이런 구조에 따라, 영어유치원 업계에서는 "연령대에 맞는 유명 유치원에 몇 명이나 보냈는지"가 해당 유치원의 평가 척도로 여겨지기도 한다.

5세부터는 과외도 많이 받는다. 대치동에서 과외 중개 업체를 운영하는 김 모 씨는 "전체 학생 중 미취학 아동의 비율이 20% 수준"이라며 유치원생의 과외 문의가 많다고 밝혔다. 의뢰하는 수업 방식도 다양하다. 영어유치원이나 학원 숙제를 보조하는 백업 과외, 영어 회화 과외, 국제학교 입학을 대비해 수학이나 과학 과목을 영어로 가르치는 과외 등도 있다. 비용은 시간당 6만 원 수준이다. 김 씨는 "유치원생의 경우, 60분, 90분 단위로 주 1~2회씩 많이 하는 편"이라고 설명했다.

3세 영어 교육 이유가 수학 때문?

미취학 아동을 키우는 대치동 학부모들은 왜 영어 교육에 몰두할까? 역설적이게도 수학 때문이다. 명문대나 의대 입시의 관건이

수학이니, 나중에 수학을 공부할 시간을 벌기 위해 영어라도 미리 해두면 좋다는 설명이다. 대학입시까지 내다보고 영어유치원에 보내는 셈이다.

같은 맥락에서 3세부터 영어를 친숙하게 만들어두고, 간단한 필기가 가능한 수준으로 한글까지 익히게 한 다음 6세 정도가 되면 주 1회 소마나 CMS 같은 사고력수학학원에 보내기 시작한다. 초등학교에 입학하면, 초등 수학 교과과정을 1년 만에 끝내는 것으로 유명한 생각하는황소에 들여보내기 위해서다. 이 또한 고등 교육과정을 미리 습득시켜 입시 공부를 할 시간을 늘리기 위한 계획의 일부다.

대치동 학부모들이 자녀를 영어유치원에 보내는 그 밖의 이유로는 "영어 학습의 기회를 주고 싶어서", "경험의 폭을 넓히기 위해", "어떤 직업을 갖든 영어는 기본이라고 생각해서", "영어 발음 향상을 위해", "영어에 거부감을 느끼지 않게끔 만들어주기 위해" 등이 있다.

그러나 대치동 학부모가 아이에게 공부만 시킨다고 생각하면 오산이다. 눈코 뜰 새 없이 바쁜 와중에도 신체 발육에 공을 들인다. 학습 능력뿐 아니라 외적 요소도 잘 갖춰 아이를 흠잡을 구석 없는 '육각형 인간'으로 키우는 것이 목표다. 이를 위해 유치원 하교 후 수

영이나 태권도 학원을 보내고, 여자아이는 발레를 보내는 등의 신체 활동도 섭렵한다.

　박은주 대표는 "대치동의 장점은 기질이나 성향이 모두 다른 아이들의 니즈를 충족시켜줄 다양한 교육기관이 있다는 점"이라며 "전문직에 종사하거나 대기업에 다니는, 대치동 출신 부모가 자신의 아이 역시 대치동에서 키우는 경우가 많다. 자신도 같은 방식으로 자랐기 때문에, 적어도 이 정도 교육은 해줘야 사회적 보상이 따를 것이라고 생각"한다고 설명했다.

2

초등 6년
바삐 움직여야 평균

자녀의 시간은 돌아오지 않는다

대치동 학부모들에게 자녀의 초등학교 시절은 그저 '어린 시절'이 아닌 미래를 위해 치밀하게 투자해야 하는 시간이다. 매 순간 주어지는 미션을 다 수행해야만 가까스로 남들만큼 했다고 할 수 있다.

초등학교 4학년 A 군(11세)은 9살에 대치동으로 이사를 왔다. A 군의 부모님은 맞벌이로, 자녀가 스스로 걸어서 학원에 갈 수 있는 나이가 되자 이사를 선택했다. A 군의 어머니는 "아이 성적은 대치동에서 상위 50% 이내로 평범한 수준"이라고 설명했다.

'평범한' 대치동 초등학생 A 군의 학원 일정은 매일 하교 후 시작된다. 매주 월요일, 금요일에는 집에 들러 잠시 쉰 다음 태권도학원, 수학학원에 간다. 4학년인 A 군은 수학 진도를 5학년 2학기까지 마쳤다. A 군의 어머니는 "다른 친구들에 비하면 진도가 느린 편"이라며 "더 앞서 나가려고 해봤는데, 수학에 흥미를 잃는 거 같아 속도를 늦췄다"고 설명했다.

수요일은 방과 후 야구 수업이 있는 날이다. 이후에는 논술학원에 간다. 화요일, 목요일은 수영학원에 갔다가 영어학원으로 향한다.

학원 수업과 수업 사이는 휴식 시간인 동시에 숙제를 하는 시간이다. 학원에 가기 전, 매일 40분 이상을 써야 숙제를 마칠 수 있다. 저학년까지는 학부모가 도와줄 수 있지만, 특히 영어의 경우에는 고학년으로 넘어가면 수준이 급속도로 높아져 '학원 숙제 도우미'를 찾는 부모가 많다. 숙제 도우미로는 대학생 과외를 주로 이용한다. 시세는 시간당 3만~4만 원이다.

A 군의 한 달 학원비는 약 155만 원. A 군의 어머니는 "어렸을 때부터 다양한 과목에 쉽게 접근해 재미를 느낄 수 있도록 도와줘야 아이의 진로 선택지도 늘어난다고 생각한다"고 말했다.

저학년, 기초 체력 기르는 시기

대치동 초등학생 엄마들 머리에는 연 단위 '대입 로드맵'이 정리
돼 있다. 초등 1~3학년은 '기초 체력'을 기르는 시기다. 국어, 수학,
영어 모두 다양한 사고력을 키워준다는 학원에 다닌다.

국어의 경우, 어린 나이에 문해력을 끌어올리는 것이 중요하다.
"고등학생이 되고 나서 국어 영역을 공부하기 시작하면, 1등급은
집을 팔아도 안 된다"는 말도 나온다. 국어 교육은 수학, 사회, 과학
지문에 대한 이해도를 높이고 배경지식을 쌓기 위해서도 필요하다
고 여겨진다.

초등학교 1학년 사이에서는 글쓰기와 책 읽기를 지도해주는 문
예원이 인기다. 이곳은 아이가 태어나자마자 곧바로 대기에 올려야
가까스로 들어갈 수 있다.

이후 2, 3학년이 되면 논술화랑, 지혜의숲, 페이지바이페이지,
MSC브레인컨설팅그룹에 가는 학생이 많다. 논술화랑의 경우, 인
기 강사의 주말반 수업은 개설되자마자 마감되기도 한다. 이들 논
술학원들은 대부분 매주 정해진 책을 읽고, 학원이나 집에서 글짓
기를 하는 방식으로 수업을 진행한다.

수학도 이 시기에 시동을 건다. 저학년 때는 문제 풀이를 반복하

기보다는 한 문제를 다양한 접근 방식으로 해결할 수 있도록 수학 사고력과 서술식 사고력을 키우는 데 주력한다. 대표적인 학원으로 시매쓰, 소마, CMS, 필즈더클래식 등이 꼽힌다.

일부 아이들에게는 생각하는황소 입학을 준비하는 시기이기도 하다. 생각하는황소가 운영하는 초등학생 과정은 초등학교 2~3학년부터 응시할 수 있다. 수능처럼 11월에 있는 입학시험을 준비하기 위해 보통 12개월에서 많게는 18개월까지 과외를 받기도 한다.

영어는 초등학교 입학 전에 가장 많은 양을 가르친다. 한 학부모는 "영어유치원에서 모든 걸 쏟아부은 뒤 초등학교 저학년 때 그 절반으로, 고학년 때 그 절반으로 줄여서, 중고등학교 때는 영어에 신경 쓰지 않는 수준이 되도록 만들어야 한다"고 말했다. 2018년부터 수능 영어가 절대평가로 전환되면서 90점만 넘기면 1등급을 받을 수 있게 됐기 때문이다. PEAI어학원, 렉스킴어학원, 에디센어학원, 띵킹어학원이 대표적이다.

고학년 때 본격 대입 준비

초등학교 4학년 때부터는 본격적인 대입 레이스가 시작된다. 이는 교육부와 통계청이 발표한 '2023년 초·중·고 사교육비 조사 결과'에서도 드러난다. 사교육 참여 학생 1인당 월평균 사교육비가 초등학교 4학년이 49만 6,000원으로 가장 많았다. 대입에 치중하면서 자연스럽게 대입에서 변별력이 높은 수학의 비중이 높아지고, 국어와 영어의 비중은 낮아진다.

국어는 내신과 수능 중심 수업으로 확 바뀐다. 특히 비문학처럼 수능과 논술 등 대입 문제에 쓰이는 난도 높은 글들을 읽어내는 훈련 위주로 진행된다. 1년 가까이 대기해야 하는 천개의고원학원을 포함해 기파랑문해원, 지니국어논술학원이 인기다.

이때부터 '닥수(닥치고 수학)'라는 말이 통하기 시작한다. 대입에서 학생들이 가장 많이 어려워하는 과목이 수학인 데다 한번 놓치면 따라잡기 어려워 포기하는 학생이 많기 때문이다.

이 수학 사교육의 중심에는 생각하는황소가 있다. 생각하는황소는 2018년부터 전국에 체인이 생기고, 레벨테스트가 유행하면서 주목을 받기 시작했다. 이제는 초등 2~3학년부터 매년 11월 정규 시험을 통해 생각하는황소에 입학한다. 2023년 11월에는 이 입학시험에 초등 입시생이 8,000명이나 전국에서 몰려들었다.

이 정규 시험에 통과하지 못한 학생들은 이듬해 2~3월에 있는 편입시험을 준비한다. 이 시험에 붙기 위한 과외 시장도 활성화돼 있

학교급별 사교육비 총액

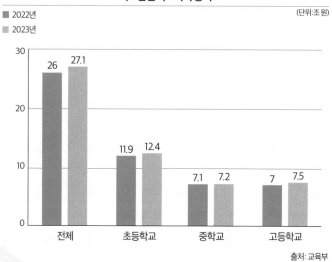

■ 2022년
■ 2023년

(단위:조 원)

출처: 교육부

학교급별 사교육 참여율

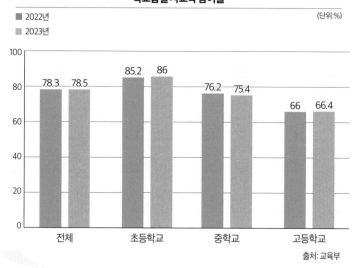

■ 2022년
■ 2023년

(단위:%)

출처: 교육부

대치동 이야기

다. 한 과외 교사는 "초등학교 저학년이 혼자서 학교 과정만 좇아서는 붙기 어렵고, 올림피아드 교재, 최상위권 교재로 대비해야 합격할 수 있다"고 말했다. 2024년 3월 치러진 생각하는황소 편입시험에는 5,000명이 몰렸다.

생각하는황소에서는 초등학교 4학년 때 모든 초등 과정을 마친다. 이후 한국수학올림피아드(KMO)를 목표로 심화 학습에 치중한다. 한 학부모는 "학원 교재를 한 권씩 더 사서 아이와 함께 풀며 학습에 동기부여를 해주는 경우가 많다"고 설명했다.

영어 비중은 확실히 줄어든다. 철저히 내신과 수능 중심으로 문법, 독해 위주 수업을 듣는다. 오히려 교재의 난이도는 낮아진다. 이때는 ILE어학원, 이맥스어학원, KNS어학원, 해빛나인어학원, 이안어학원을 가는 학생이 많다.

예체능도 최고 수준으로

국어, 영어, 수학을 공부하는 틈틈이 예체능도 끼워 넣는다. 대치동 학부모가 자녀에게 시킬 운동을 고를 때 가장 크게 고려하는 것은 얼마나 발육에 도움이 되느냐다. 요즘은 줄넘기학원이 가장 인기다. 자녀의 왕성한 성장을 기대하며 헬스장에서 트레이너에게 일대일 PT를 받게 하는 경우도 있다. 최근에는 골프 열풍이 불면서 일찍이 골프를 시작하는 아이들도 늘었다.

악기를 잘 다루는 것도 중요하다. 한 학부모는 "피아노는 기본이고, 특히 영어권에서 유학을 했거나 국제학교를 다니는 학생들은 바이올린, 플루트 등을 추가해 레슨을 받는다"고 설명했다.

3

내신은 기본,
선행은 필수

24시간 밀착 관리

대치동 래미안대치팰리스에 사는 중학교 2학년 A 양은 학구열이 높기로 유명한 여중에서 최상위권 성적을 유지하고 있다. A 양의 목표는 전사고(전국 단위 자율형사립고등학교) 입학으로, 1지망은 하나고등학교다. A 양은 매일 등교를 준비하며 영어 회화 오디오를 반복적으로 듣는다. 오전 7시 30분. 출근하는 부모님의 차를 함께 타고 5분 내외로 학교에 도착해 바쁜 하루를 시작한다.

학교 수업은 집중해 듣는다. 쉬는 시간에는 '선생님께 5분 질문 + 5분 복습'을 이어간다. 하교 시간인 오후 3시 10분. 학교 앞에서 대기하던 부모님의 차를 타고 간식을 먹으며 학원 또는 관리형 스터디카페로 이동한다. 오후 10시. 대치동 학원가 대로변에는 하원 시간에 맞춰 자녀 라이딩을 하러 온 부모들의 차가 줄지어 서 있다. A 양 부모의 차량도 그중 하나다.

집으로 돌아온 A 양은 스마트폰 등 전자기기를 자진 반납하고, 온라인 강의를 청취하는 등 자습을 이어가다 자정 즈음에 잠자리에 든다.

그렇다고 A 양이 혹독하게 공부만 하는 것은 아니다. 비타민과 영양제 복용을 비롯해 건강관리에도 열심이다. 대치동에 있는 유명 한의원에서 받아 온 총명탕도 복용한다. 이 한의원에서 장시간 앉아 굳은 몸을 풀어주는 치료를 15분간 받은 뒤 스터디카페로 복귀하는 것이 코스다.

돼지엄마의 '시크릿' 그룹 과외

대치동에서 하나고등학교와 같은 톱클래스 전사고 진학을 준비하는 학생들은 중학교 1학년 때부터 구체적인 진로와 진학 방향성을 잡는다. 이때 유명 학원 입시 컨설팅 전문가가 진행하는 입시설명회를 듣는 것은 필수다. 미래탐구 입시설명회 같은 경우는 매 분기 선착순 조기 마감이 될 정도로 경쟁이 치열하다. 부모들은 이 설명회에서 자사고별로 추구하는 인재상, 교육과정, 학비에 대한 정보를 얻고, 자녀와 잘 맞는 교육과정인지도 파악한다.

전사고는 대체로 중학교 3년 동안 국어, 영어, 수학과 주요 과목의 내신을 A 등급으로 유지한 학생들만이 첫 관문을 통과할 가능성이 높다. 참고로 전사고의 입시 과정은 크게 두 단계로 나뉜다. 하나고등학교를 예로 들면, 1단계에서 교과 성적(40)+출결(감점)으로 모집 정원의 2배수를 선발한 다음, 2단계에서 서류(20)+면접(40), 체력 검사를 한다. 이 경우, 면접이 합격 여부를 가르는 경우가 많다.

경쟁률은 치열하다. 종로학원에 따르면, 전국 단위 자사고의 경쟁률은 2021학년도 1.52 대 1에서 꾸준히 상승해 2024학년도에는 1.91 대 1을 기록했다. 2024학년도 특목고, 자사고 입시에서는 하나고등학교가 200명 모집에 567명이 지원하며 2.84 대 1의 경쟁률로, 전국에서 가장 높은 수치를 기록했다. 한 해 전인 2023학년도의 2.45 대 1보다도 상승한 수치다(통계 출처: 베리타스알파).

이 치열한 입시에서 경쟁력을 확보하기 위해서는 주요 과목의 고등학교 과정을 선행학습하는 것이 필수다. 자사고 진학을 준비하는 자녀를 둔 부모들은 소수 정예 특별반, 소규모 그룹 과외를 선호

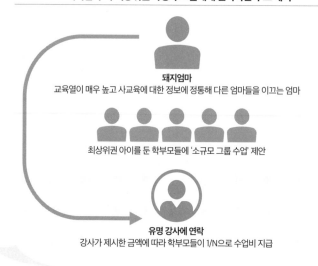

'돼지엄마'가 최상위권 학생 부모들에게 연락하는 구조 예시

돼지엄마
교육열이 매우 높고 사교육에 대한 정보에 정통해 다른 엄마들을 이끄는 엄마

최상위권 아이를 둔 학부모들에 '소규모 그룹 수업' 제안

유명 강사에 연락
강사가 제시한 금액에 따라 학부모들이 1/N으로 수업비 지급

한다. 아이가 최상위권인 부모의 경우에는 이른바 '돼지엄마'가 "함께 팀을 꾸리자"고 접근하기도 한다. 같은 학교 1등과 2등이 한 팀에 속해서는 안 된다는 암묵적인 규칙도 있다. 남학생과 여학생을 같은 팀에 두지 않는 경우가 많고, 학교도 A 여중 2명, B 여중 2명과 같은 식으로 한 학교에서 여러 학생을 받지도 않는다.

돼지엄마에게 연락을 받아 자녀를 자사고 특별반에 넣었다는 학부모 배 모 씨는 "초등학교 때부터 아이의 성적이 좋았는데, 중학교 입학과 동시에 돼지엄마가 영재반에 관심이 있느냐고 연락이 왔다"며 "당시 돼지엄마가 학생 4명을 모아서 왔다고 하니, 유명 강사가

한 달에 4회, 400만 원을 제안했다. 그래서 4명이 각각 100만 원씩 냈다"고 설명했다.

100만 원 입시 컨설팅에 이색 학원까지

물론 자사고 입시는 이 정도로 끝나지 않는다. 전문 입시 컨설턴트와 함께 자기소개서를 준비하고, 면접 실전 연습을 해야 한다. 준비물은 학교생활기록부. 상담 시간은 1회에 보통 1시간으로 제한된다. 가격대는 컨설턴트가 정하기 나름이라 달마다 최소 20만 원에서 100만 원으로 다양하다. 경시대회와 수행평가 준비를 위한 학원도 따로 다녀야 한다. 이렇게 되면 일반고 진학을 준비하는 학생보다 사교육비가 배로 뛸 수밖에 없다.

교육부와 통계청이 발표한 '2023년 초·중·고 사교육비 조사 결과'에 따르면, 2023년 자사고 진학 희망생 사교육비의 전년 대비 증가율은 7.4%로, 일반고 희망생(3%)의 두 배가 넘었다. 같은 2023년 자사고 진학 희망 중학생의 월평균 사교육비는 74만 8,000원. 실제로는 이를 훨씬 넘어선다는 것이 부모들의 설명이다. 한 대치동 학부모는 "고입을 준비하는 3년 동안 한 달 평균 300만 원을 썼다"고

했다.

대치동 중학생의 사교육비는 다소 이색적인 학원에도 지출된다. 그중 하나가 바로 속독학원이다. '수능 국어 지문을 수월하게 읽기 위해', '속독을 익혀두면 국어나 영어 과목 수능을 풀 때 빠르게 지문 파악을 하는 데 도움이 돼서' 등과 같은 이유에서다. 각종 코딩 경시대회, 탐구보고서 대회에 참여하기 위해 중등 코딩학원도 많이 간다. 대치동에 있는 한 코딩학원 관계자는 "2025년부터 초·중·고 코딩 교육이 의무화되는 것을 고려하면, 어릴 때부터 코딩에 익숙해지는 것이 좋다"고 밝혔다.

관리형 스터디카페에서 계획형 인간이 되는 아이들

전사고에 입학하고 나면 학생 대부분이 기숙 생활을 하다 보니, 학원에 다니며 사교육에 집중할 시간이 줄어든다. 그런 만큼 미리 자기주도학습을 실현하고자 하는 분위기다. 이때 부모들의 눈은 관리형 스터디카페로 향한다. 대치동에 있는 관리형 독서실은 고등학생부터 출입할 수 있지만, 일대일 코칭을 함께 해주는 관리형 스터디카페는 중학생부터 환영한다. 가격대는 4주 기준 32만 원, 69만 원, 74만 원 등으로 다양한데, 프리미엄이 붙을수록 가격이 오르는 구조다.

메가캠퍼스는 대치동 학부모들에게 입소문이 난 관리형 스터디 카페로, 학생 1명에 선생 3명이 붙어 돌봐준다. 학습 플랜 단계에 따라 눈높이에 맞춰 커리큘럼을 구성한다. 학습 관리 차원에서는 학습 전략 코칭 상담, 영어 단어 암기 및 오답 관리, 암기 시트 제공, 주간 공부량 관리, 인터넷 강의 학습 진도 관리, 일일 공부 점검 등을 제공한다.

학생의 습관과 생활도 꼼꼼하게 관리한다. 등·하원 시간 체크부터 휴대폰 사용 금지, 1일 30분 수면 관리, 플래너 작성 관리, 입·퇴실 시 부모에게 문자 알림 등을 철저히 한다. 부모는 한 달에 한 번 리포트 형식으로 아이의 취약점이나 학습 능력, 태도, 목표치 등을 확인할 수 있다.

공부를 위해 총명탕까지 동원

대치동 엄마들은 무엇보다 아이들의 건강관리에 큰 힘을 쏟는다. 대치맘들이 모인 커뮤니티에서 추천이 잦은 것은 총명탕이다. 총명탕은 고3 수험생을 위한 맞춤형 한약으로 자리 잡은 지 오래인데, 이제는 다소 바쁜 스케줄을 소화해야 하는 중학생을 둔 엄마들 사이에서도 인기다.

대치동에는 유명 학원이 입주해 있는 건물에 한의원이 같이 붙어 있는 경우도 많다. 아이들의 이동 시간을 줄여주는 최적의 조건이다. 대치동에 있는 한 한의원 의료진은 "한의원을 찾는 환자 대부분이 대치동 부모들이지만, 지방에서 애들을 데리고 대치동 학원에 다니며 병원까지 오는 지방 부모들도 많다"고 했다.

4

대치동 고딩이
목숨 건 과목은

대치동 고딩은 시험 기계

반포동에 살면서 대치동 소재 학원에 다니는 고등학생 A 군의 하루는 하교하면서 본격적으로 시작된다. 4시 30분에 학교 수업이 끝나면 대치동으로 이동하며 간단한 간식이나 저녁을 챙겨 먹는다. 대치동에 도착해서는 수학과 탐구 과목 단과 수업을 번갈아 듣는다. 월, 수, 금요일은 수학, 화, 목요일은 탐구와 같은 식이다. 학원 강의가 평균 3시간 30분 정도이기 때문에 하루에 두 과목을 듣는 것은 어렵다.

학원을 마치면 스터디카페나 관리형 독서실로 향한다. 특히 고등학생들에게 인기 있는 곳은 관리형 독서실이다. 스터디카페보다 집중이 잘된다는 이유에서다. 관리형 독서실은 입장 전에 핸드폰을 제출해야 한다. 잠을 자면 총무가 깨워준다. 공부 계획을 세워주고, 밥을 주는 곳도 있다. 이렇게 공부에만 몰입할 수 있는 분위기에서 10시부터 12시 정도까지 공부한다. 주로 학원 숙제 위주다.

시험 기간에는 더 바쁘다. 학원들은 고교별 맞춤형 내신 대비 특강을 내놓는다. 대치동 학원마다 A 고 수학 시험 대비반, B 외고 영어 시험 대비반 등이 개설된다.

주말이 돼도 쉴 수는 없다. 오히려 학교에 가지 않는 시간을 활용해 더 많은 강의를 듣는다. A 군은 국어, 수학, 탐구 세 과목 수업을 듣는다. 오전에는 9시부터 12시 30분까지는 국어, 점심 식사를 하고 1시 30분부터 5시까지는 수학, 저녁을 먹고 나서 6시 30분부터 10시까지는 탐구. 학원 수업이 잠깐 쉬는 틈에 서둘러 밥을 먹어야 하는 학생들의 수요를 반영해, 대치동에는 30분 정도면 한 끼를 때울 수 있는 식당도 많다.

마침내 결승선이 코앞

대치동 학부모들과 아이들의 목표는 결국 상위권 대학 입학이다. 대치동의 모든 아이가 태어나는 순간부터 대입을 향해 달려간다고 해도 과언이 아니다. 고등학교 시절은 결승선을 코앞에 둔 결정적인 시기다. 이렇게까지 해야 하느냐는 의문이 들 때도 있지만, 이렇게 하지 않으면 대학에 갈 수 없다는 생각이 우선하는 때이기도 하다.

대치동 고등학생이 가장 신경 쓰는 과목은 수학이다. '닥수'라는 말이 괜히 생긴 것이 아니다. 문과든 이과든 상관없이 수학이 대학 합격을 결정짓는다고 생각한다.

대치동 학생들 중 수능 대비 수학 공부를 고등학교 3학년 때 시작하는 학생은 없다. 빠르면 중학교 3학년에 고등학교 3학년 교과에 있는 수능 핵심 개념들까지 선행을 마친다. 늦어도 고등학교 1학년 2학기에는 끝낸다. 그리고 고등학교 2학년에 올라가는 겨울방학부터 본격적인 문제 풀이를 시작한다.

이 시장을 양분한 학원이 바로 시대인재와 두각이다. 사실상 시대인재가 압도적인 시장의 강자로 여겨진다. 한 고등학생은 "상위권 학생들은 무조건 시대인재를 간다고 보면 된다"고 말했다.

이 학원을 택하는 이유는 어마어마한 문제 풀(pool)을 제공하기 때문이다. 시대인재는 고등학교 1, 2학년 학생에게도 일주일에 한 번씩 모의고사를 실시하고, '주간지'라고 불리는 숙제를 낸다. 이 주간지에는 100문항에 가까운 문제가 담겨 있다. 하루에 20문항씩 풀어야 하는 셈인데, 수능 기준 4점짜리 문제들이기 때문에 쉽지 않다. 상위권 학생이 풀어도 하루에 1시간 이상을 투자해야 할 정도다.

고3 하반기가 되면 강도는 더 세진다. 학원에서 실시하는 모의고사 말고 집에서도 일주일에 2번꼴로 모의고사를 풀어야 한다.

이런 문제집을 얻기 위해 시대인재를 등록하려는 학생이 말 그대로 줄을 선다. 시대인재를 다녔다는 한 대학생은 "수업당 정원이 200명 정도인데, A 강사는 대기가 1,000번을 넘었다"며 "나는 300번대였는데, 3개월 만에 자리가 났다"고 말했다.

현장 강의뿐 아니다. 메가스터디, 대성마이맥 등 인터넷 강의도 듣는다. 이 역시 문제 풀이를 위해서다. 소위 일타강사로 불리는 강사들의 문제집은 수능 전 반드시 풀어야 하는 필수 코스로 꼽힌다. 인강에서 파는 문제집, 모의고사 문제지를 구하기 위해 인강을 듣는다는 이야기다.

대치동 이야기

고교 때 영어 공부하면 늦어

대치동 학생들은 영어는 중요하게 생각하지 않는다. "수능 영어를 고등학교에 와서 준비하면 안 된다"는 말도 있다. 대개 영어유치원으로 불리는 유아 영어학원에 다니면서 일찌감치 공부해둔다.

영어가 실제 대입에서 미치는 영향력도 그리 크지 않다. 서울대학교의 경우만 해도, 학과 대부분이 수능 위주 전형(일반전형)에서 국수탐(국어, 수학, 탐구) 혹은 국탐(국어, 탐구)만 반영한다. 반영 비율이 가장 높은 것은 수학이다.

학원에 개설된 수업도 많지 않다. A 학원의 경우, 2024년 5월 기준으로 고등학교 1학년 대상 수업 20개 중 영어 수업은 1개에 불과했다. 과학이 7개로 가장 많았다. B 학원은 고등학교 1학년은 학교별 내신 준비반을 제외하고는 수학 강의만 제공했다. 고등학교 3학년을 대상으로 하는 전체 수업 83개 중 영어는 10개였다. 수학이 27개로 가장 많았고, 과학이 21개로 그다음이었다.

사회탐구와 과학탐구는 고등학교 2학년 때 개념을 다 끝낸다. 고등학교 3학년 때는 다른 과목처럼 문제 풀이만 한다. 시대인재가 지금처럼 유명해진 것도 과학탐구 문제 풀이 덕분이다. 과학탐구에서 적중률 높은 모의고사 문제를 만들면서 이과 상위권 학생들이 몰렸다. 덕분에 의대 합격률이 높아졌다. "시대인재 모의고사를 풀지 않으면 의대는 갈 수 없다"는 말까지 나왔다.

문제 풀이 기술이 제일 중요

대치동 학생들이 고등학교 내내 문제 풀이에 집중하는 이유는 사실 달리 할 것이 없기 때문이다. 유치원에서부터 시작한 선행학습으로 수능에 나오는 개념은 이미 다 익힌 상태다. 한 문제만 틀려도 나락으로 떨어질 수 있는 수능 제도의 특징도 영향을 미쳤다. 짧은 시간 안에 복잡한 문제를 보고 정확한 답을 찾아내기 위해서는 결국 개념 이해보다는 문제 풀이 스킬이 중요한 것이다.

이런 부작용을 막기 위해 2023년 정부는 킬러 문항을 없애겠다고 발표했다. 하지만 대치동 학생들은 "킬러 문항이 없어지면서 문제 풀이가 더 중요해졌다"고 입을 모은다. 실제로 2024학년도 수능에서 킬러 문항은 없었다. 하지만 준 킬러 문항으로 불릴 만한 까다로운 문제가 늘면서 체감 난도는 더 높아졌다는 분석이 나왔다. 과거에는 킬러 문항 한두 문제만 주의하면 됐는데, 지금은 준 킬러 문항을 모두 조심해야 하는 상황이 됐다.

3년간 쓰는 돈만 거의 2억

일반적인 대치동 수험 생활을 하는 데 돈은 얼마나 들까?

A 학원의 경우, 한 달에 32시간 수업을 하는 단과 수업료가 56만 ~60만 원 정도다(2024년 4월 말 기준). B 학원도 비슷하다. 한 달에 21시간 수업 기준으로 47만 3,000원. 여기에 나날이 오르는 교재비, 모의고사비 등까지 합하면 70만~80만 원까지 이른다. A 군처럼 평일에 2개, 주말에 3개 수업을 들으면 한 달 평균 학원비만 350만 ~400만 원이 드는 셈이다.

관리형 독서실도 종류에 따라 60만~80만 원을 내야 한다. 인터넷 강의, 추가로 구입하는 문제집 등을 고려하면 고등학생 한 명을 한 달 동안 가르치는 데 500만 원 이상이 드는 셈이다. 이것도 과외 등을 하지 않는다는 가정하에서다.

고등학교에 다니는 3년 내내 이런 식이라고 계산하면 약 1억 8,000만 원이다. 누군가에게는 엄청나게 큰돈. 하지만 대치동에서는 대입이라는 결승선을 통과하기 위해 기꺼이 내는 돈이다.

5

육각형 인재를 뽑는 곳, 미대

내신, 실기, 수능 어느 하나 포기할 수 없다

대치동에 일반 계열 학생만 있는 것은 아니다. 예체능 계열을 준비하는 학생들은 더 좁은 문을 통과하기 위해 더 치열한 삶을 살고 있다. 미대를 준비하는 A 양의 하루는 미술과 공부라는 짐을 양손 가득 들고 뛰는 마라톤 같다.

A 양은 화, 목요일은 미술학원에 가고, 월, 수, 금요일은 단과 수업을 듣는다. 학원 수업이 6시에 시작돼, 학교에서 대치동까지 이동하는 차 안에서 간식을 먹는다. A 양의 어머니는 간식과 도시락을 싸서 매일 오후 학교 앞에서 A 양을 태운다.

학원을 마치고는 곧장 귀가한다. 시험 기간에는 독서실에 가기도 하지만, 그것도 집 가까운 곳으로 잡는다. 이동 시간을 아껴 더 많은 시간을 공부하기 위해서다. 집에 와서는 인터넷 강의를 듣고, 단과 수업을 복습하며 수능을 준비한다.

A 양은 거실에 독서실 책상을 두고 공부한다. 공부 분위기를 조성하기 위해 초등학교 때부터 이어온 방식이다. A 양이 공부하는 동안, A 양의 부모님 역시 텔레비전을 보거나 편히 쉬지 못하는 셈이다. A 양이 말하기를 "주변 친구 중에는 방문을 아예 떼어내고 공부하는 모습을 부모님이 수시로 확인하는 집도 있다"고 했다.

주말에도 대치동으로 간다. 수능 준비를 하기 위해서다. A 양은 국어, 영어, 사회탐구 수업을 듣는다. 과목당 수업 시간은 평균 3시간~3시간 30분 정도. 아침 9시에 들어간 학원에서 나올 때는 이미 캄캄한 밤이다.

방학에도 쉴 수 없다. 오히려 사교육을 제일 많이 받는 때다. 미술학원들은 방학 특강이라는 이름으로 월요일부터 일요일까지 주 7일 수업한다. 매일 아침 9시부터 밤 10시까지 온종일 그림을 그리는 강행군이 이어진다.

모든 과목을 완벽하게

예체능 계열 학생들은 공부를 덜하지 않을까 생각한다면 대단한 착각이다. 뽑는 학생 수 자체가 적은 데다 대치동 학생들이 선호하는 서울대나 이대 미대 등은 수능 성적도 중요하게 생각하기 때문에 실기와 함께 공부도 놓을 수 없다.

미대 준비생들은 국어, 영어, 탐구 영역 점수가 중요하다. 이 때문에 이들은 수학 대신 영어를 공부한다. 영어학원과 국어학원에 다니며 내신과 수능을 모두 준비한다. 시대인재 등 유명 학원을 고집하지는 않는다. 오히려 내신까지 꼼꼼하게 챙겨주는 '작지만 강한' 학원들을 더 선호한다. 국어는 I 학원, 영어는 C 학원과 같은 식이다.

수능, 내신, 실기를 모두 준비해야 하기 때문에 일반 학생보다 시간이 더 부족하다. 이 때문에 이동 시간을 줄이기 위해 과외를 받기도 한다. 강사마다 강의료가 다른데, 인기 많은 강사가 개설한 소수정예반은 더 비싸다. 이럴 때 필요한 것이 소위 돼지엄마로 불리는 학부모와의 인맥이다.

대치동에서 미대를 준비한 B 양은 수능 두 달 전부터 국어와 영어 과외를 받았다. 원래 신림동에 있는 선생님 집으로 가야 하지만, 시간을 아끼기 위해 대치동으로 출장 과외를 부탁했다. 과목당

주 1회 1시간 30분 수업에 100만 원씩을 냈다.

B 양은 "신림동으로 가면 80만 원인데, 집으로 부르다 보니 더 비싸졌다"며 "수능 직전에 미술학원을 다니면서 대형 강의를 들을 여력이 없어 어쩔 수 없었다"고 설명했다.

예고 출신과 경쟁 위해 대치동에 더 의존

미대 준비생에게 가장 중요한 것은 당연히 실기다. 실기를 준비하기 위해 미술학원을 절대 빼먹을 수 없다.

대치동에서 유명한 미술학원은 G 학원, R 학원, C 학원 등이다. 이들 학원이 유명한 가장 큰 이유는 서울대, 이대 등 주요 대학 합격자가 많기 때문이다. 또 대학 교수진을 초청해 그림을 평가해주는 곳이기도 하다. 미대 입시를 준비하는 C 군은 "학부모들은 현직 교수가 직접 온다고 하는 학원을 훨씬 선호한다"며 "실제로 대학입시에서 그림에 점수를 매기는 것은 교수이기 때문"이라고 설명했다.

다만 지망하는 대학교에 따라 선호하는 학원이 다르다. 서울대와 이대는 소묘를 보고, 한양대는 기초디자인을 본다. 때문에 실기 종류에 따라 선호하는 학원이 달라지는 것이다. 학원들은 서울대 집중반, 이대·고대 집중반, 성균관대 집중반, 한양대·경희대·중대·단대 집중반, 건대·숙대 집중반 등 지망 대학교에 따라 특화한 반을 운영하기 때문에 한 학생이 여러 수업을 듣기도 한다.

미대 입시 역시 시험이다. 자기 고집대로 그린다고 되는 것이 아니라는 이야기다. 수능을 잘 보려면 문제를 잘 푸는 연습을 해야 하듯 미대 입시 역시 문제 풀이 훈련이 필수다. 특히 대입 실기시험 기간에는 대학별로 출제됐던 문제, 혹은 비슷한 주제를 정해 하루에 한 작품씩 그림을 그린다.

평가는 공개적으로 이루어진다. 해당 대학의 교수가 와서 직접 하기도 하고, 미술학원 원장이 하기도 한다. 평가에서 1등급을 받은 그림은 '정답'이 된다. 학생들은 1등급 그림을 사진으로 찍어 와 자신이 그린 그림과 비교한다. 자신이 그린 그림에서 잘못됐다고 지적을 받은 부분도 사진을 찍어둔다. 같은 실수를 해서는 안 되는 만큼 오답 노트를 만드는 셈이다.

이런 문제 풀이를 제일 잘해주는 곳이 바로 대치동 미술학원이다. 특히 예술고등학교 출신이 아닌 학생들은 대치동에 더욱 기댈 수밖에 없다. 상위권 미대로 갈수록 예술중학교 때부터 예고 입시를 준비하며 그림을 그려온 학생들이 입학하기 더 수월하기 때문이다. 어느 일반고 출신 학생은 "상위권 대학의 예고생 합격률이 너무 높다 보니 빠르게 따라잡기 위해서는 학원에 더 매달릴 수밖에 없다"고 설명했다.

수능, 내신, 실기를 모두 챙기다 보니 학원비도 만만치 않다. 대학에 간 D 군의 경우, 기본적으로 한 달에 400만 원 가까운 돈을 학원비로 썼다. 평일에 다니는 국어, 영어 단과학원만 각각 50만~60만 원이 들었다. 주말 단과 세 과목 수강료는 합쳐서 150만 원, 미술학원은 100만 원 정도였다. 여기에 스터디카페, 독서실, 교재비, 인터넷 강의 수강료 등이 추가됐다.

미대 준비 방학 특강은 두 달 남짓한 기간에 강습료를 600만 원 이상 요구했다. 유명한 강사일수록 강습료는 더 비쌌다. D 군은 "여기를 다니지 않으면 합격할 수 없다는 생각뿐이었다. 학원비는 신경 쓸 이유와 여력이 없었다"며 "지금 생각해보면 엄청난 금액을 학원비로 지출했던 것 같다"고 말했다.

6

1년 새 1억 쓰는
대치동 재수

더 이상 실패는 없다

"재수 종합학원에 단과학원, 월세에 용돈까지, 부모님이 제게 쓰는 돈만 한 달에 600만 원이 넘어요. 실패를 한 번 더 할 수는 없으니 마음을 다잡고 집중해야죠."

충남 당진에 살다 재수를 앞두고 대치동으로 이사 온 A 양의 이야기다. A 양은 "지방에서 대치동행을 선택한 경우, 1년에 1억 원 넘게 쓰는 집도 있다"고 말한다. A 양이 사는 한티역 오피스텔의 한 달 월세는 150만 원이다. 집에서 학원을 오가는 이동 시간을 줄이기 위한 선택이었다. A 양은 "옵션에 텔레비전이 있어서 집주인에게 연락해 빼달라고 했다"며 "학원이 끝나면 밤 10시가 넘어 부모님께서 귀갓길이 걱정된다며 CCTV 설치 여부도 꼼꼼히 확인하셨다"고 말했다.

아침 6시에 기상하는 A 양은 아침 식사를 하고 한약을 먹은 뒤 재수 종합학원으로 향한다. 평일에는 이곳에서 수능을 대비해 전 과목 관리를 받는다. 담임 선생님도 따로 있어 생활지도도 이루어진다. 수업 시작 전 휴대폰과 태블릿 등 전자기기를 전용 캐비닛에 제출하고 오롯이 공부에 집중한다. 점심과 저녁 시간에는 전문 영양사가 있는 이 학원에서 제공하는 급식을 먹는다. 재수 종합학원이 끝나면 바로 자취방으로 돌아온다. 공부 환경을 조성하기 위해 독서실 책상도 들였다.

주말에는 취약 과목인 국어와 사회탐구 영역 1타 강사의 현장 강의를 듣는다. 격주 주말에는 부모님이 서울로 와 반찬을 채워주고 집 청소를 돕는다. 아침잠이 많은 A 양은 수험생을 위한 수면장애 치료도 받는다. A 양은 "2024학년도 수능 만점자가 공부 비결로 아침 공부를 꼽았다"며 "대치동에 있는 한의원에서 적게 자도 숙면할 수 있는 맞춤형 약을 처방받았다"고 했다.

학원 하나 때문에 상경하는 재수생들

대치동 재수생들에게 가장 중요한 것은 자신에게 맞는 학원 선택이다. 대치동 재수학원은 크게 재수 기숙학원, 재수 종합학원, 독학 재수학원으로 나뉜다. 대치동의 한 재수 종합학원 관계자는 "학습시간 전후로 관리가 어떻게 이루어지는지, 학생의 목표가 무엇이며 지금 성적은 어느 정도인지, 학습 환경은 어떤지 등에 따라 학생과 부모의 학원 선택 기준이 다르다"고 했다.

재수생 사이에서 가장 유명한 학원 중 하나는 시대인재 재수 종합학원이다. '불수능'이었던 2024학년도 수능 만점자와 전국 수석 두 명이 모두 시대인재 출신으로 알려졌다. 시대인재 재수종합반의 월평균 수강료는 250만 원 수준. 수업료와 독서실비, 콘텐츠비(교재 및 모의고사)가 포함된 금액이다. 점심과 저녁 식사를 제공하는 급식비는 40만~50만 원 정도. 시대인재와 별개로 운영되는 사설 기숙사 등을 이용하는 학생이라면 평균 150만 원이 추가돼 월 450만 원을 내는 셈이다.

시대인재는 지방에서도 상경해 수업을 듣는 학원으로 유명하다. 실제 2024학년도 수능에서 표준점수 전국 수석을 차지한 이동건 군도 대구에서 상경해 자취하며 이 학원에 다녔다. 연초에는 시대인재 등 유명 재수학원이 모여 있는 학원가 일대 부동산에 원룸을 구한다는 부모들의 문의가 쇄도한다.

한 단기 임대 플랫폼에 올라온 대치동 학원가 인근 월세 시세는 30만~270만 원으로 형성돼 있었다. 매물 정보에 '시대인재 근처'라고 강조한 한 원룸은 '1주에 34만 원, 풀옵션으로 공부 분위기 최적, 한 달 임대도 가능'이라고 홍보했다. 이외에도 '대치동 학원가 걸어서 3분 거리, 한티역 초역세권' 등 문구를 걸어두고 세입자를 구하는 곳도 많았다. 대치동에 있는 한 공인중개사사무소 관계자는 "가격과 상관없이 시대인재를 비롯한 주요 학원가가 인접해 있는 등 조건이 좋으면 바로 계약하는 부모도 많고, 학생을 혼자 보내기 두려워하는 부모들은 투룸을 계약하고 아이들과 함께 거주하기도 한다"고 했다.

기숙·독학부터 의대 특별반까지

재수생들이 시대인재 같은 재수 종합학원만 고집하는 것은 아니다. 재수 기숙학원은 학습 및 생활 시간을 비롯해 면학 분위기를 해칠 수 있는 과도한 친목 도모나 이성 교제까지 엄격히 금지한다는 점에서 인기다. 대치동의 한 독학 재수학원 관계자는 "독학 재수학원은 학생 스스로 인터넷 강의 및 현장 강의 수업을 골라 듣고, 주도적으로 학습 계획을 세워 공부하는 시스템"이라며 "자신이 원하는 과목에 집중할 수 있어 최상위권 학생들에게 선호도가 높다"고 했다.

평일에 대치동 학원에 가기 어려운 대학생과 직장인은 주로 주말을 활용한다. 대치720 주말반은 토요일마다 실제 수능 시간에 맞춰 국어, 영어, 수학 과목 모의고사를 진행한다. 점심시간 이후에는 각각 한두 시간 내외로 주요 과목에 대한 단과 수업이 이루어진다. 주말만 다니는데도 주요 과목에만 한 달 평균 100만~150만 원이 든다. 여기에 탐구 과목 단과 수업을 신청하면 40만 원을 추가로 내야 한다.

재수생뿐 아니라 상위권 이공계 대학 재학생, 직장인까지 의대 입시에 도전하기 위해 재수학원을 찾는 경우도 늘었다. 이미 대치동에는 직장인 야간 의대반, 최상위 문과생 의대반 등 특별반도 여럿 생겨난 상황이다. 의대 증원 정책의 영향으로, 2024학년도 30%대 초반이던 N수생 수능 응시 비율이 2025학년도에는 더 높아질 수 있다는 전망도 나왔다.

특히 한의대는 인문 계열 수험생 중 최상위권 학생들이 한 번쯤 도전해보는 학과로 꼽힌다. 뽑는 인원이 적은 탓에, 실질적인 준비 인원은 최상위권 중에서도 극소수에 불과하다고 볼 수 있다.

강남 유명 자사고 인문계를 졸업하고 경희대 한의대를 준비했다는 B 군은 "수시 논술전형을 지원했는데, 높은 수능 최저 점수를 요구했기 때문에 수능 준비가 완벽해야 했다"며 "수학 과목의 중요성을 알았기에 주말에는 단과 수업을 들어가며 부족한 부분을 메꾸는 데 집중했다. 여기에 한의대 수시 논술 준비 학원까지 포함해 400만~500만 원이 들었다"고 했다. 그러면서 "(2023년 기준) 인문계만 지원할 수 있는 한의대는 경희대 하나였고, 지방에 있는 한의대들은 뽑는 인원도 적었다"면서 "문과생 대부분이 선택하는 수능 과목의 표준점수가 이과생들이 선택하는 수능 과목에 비해 낮아서 정시 지원 시 불이익이 컸다"고 털어놨다.

7

수포자의 선택은
미국 유학?

2억 버는 부부도 허리가 휜다

"아이를 미국 보딩스쿨에 보내는 데 연 1억 원이 넘게 듭니다. 허리가 휠 것 같지만 아이의 더 나은 미래를 위한 선택이었다는 점에서 후회가 없습니다."

강남구에 거주하는 이 전문직 맞벌이 부부는 2023년 초, 아들 A군(16세)을 미국 보딩스쿨로 유학 보냈다. 부부가 1년 동안 버는 수입이 세후 약 2억 원에 달하는데도 아들의 유학 비용은 부담스러웠다. 그럼에도 불구하고 자녀를 유학 보낸 것은 잘한 선택이었다고 부부는 말했다.

그 이유는 중학교 때부터 수포자였던 A 군이 미국 학교에 입학한 뒤로 두각을 나타냈기 때문이다. A 군은 상위권 성적으로 학교장 상을 수상하고, 수학 과목에서 두 학년을 월반하더니 수학과 과학에 자신감이 붙었다고 한다. 지금은 미국에서 성공 지름길로 통한다는 STEM(Sceince, Technology, Engineering, Mathmatics) 관련 전공으로 명문대 입학을 노리고 있다. 당연히 한국에서는 언감생심이었던 모습이다.

해외로 눈을 돌리는 대치동 학부모들이 있다. 국내 입시 지옥에서 벗어나 최고의 교육 환경을 마련해주고 싶은 마음에서다. 조기 유학이 성공하면 미국 명문대 입학, 나아가 초봉 연 1억 원 이상도 받을 수 있는 현지 취업을 노려볼 수 있다는 장점도 있다.

상류층 특권이 된 조기유학

미국의 사립고등학교는 보딩스쿨과 데이스쿨로 나뉜다. 보딩스쿨은 전교생이 교내 기숙사에서 생활하는 학교, 데이스쿨은 집에서 등하교를 하는 학교다. 미국은 가디인(보호자) 비자 제도가 없기 때문에, 데이스쿨을 보내는 경우에는 부모가 따라가지 못하고 현지

홈스테이를 별도로 구해야 한다. 한국인 관리형 홈스테이 비용은 연 5,000만 원 정도다.

보딩스쿨은 9학년 이전 학제가 있는 주니어 보딩스쿨과 10~12학년으로 이루어진 일반 보딩스쿨로 세분할 수 있다. 대치동에서 미국 유학을 전문적으로 지도하는 유학원들은 가장 적당한 유학 시작 시기는 7~8학년이라고 입을 모았다. 한국 기준으로 중학교 1~2학년이다.

마이클최 힙스어학원 원장은 "대학에 갈 때 내신 성적이 9학년 것부터 반영되기 때문에 이보다 한두 해 미리 가서 현지 공부에 적응해야 좋은 내신 성적을 받을 수 있다"고 설명했다.

국내 조기유학은 지난 2006년 정점을 찍은 뒤 지속적으로 감소세를 보이고 있다. 교육통계서비스에 따르면, 학생 1만 명당 유학생 수는 2022년 기준 초등학생 11.7명, 중학생 12.7명, 고등학생 5.6명으로 집계됐다. 2006년 각각 35.2명, 44.6명, 36.3명이었던 것에 비하면 크게 줄어든 수치다.

가장 큰 원인은 경제적 부담이다. 대치동에 소재한 힙스어학원에 따르면, 중고등학생의 조기유학에 들어가는 비용은 보딩스쿨 기준 등록금 연 5만~6만 달러, 식비와 기숙사비가 연 1만 달러다. 합하면 한화로 거의 1억 원이다. 중학교 1학년 때 유학을 시작한다고 계

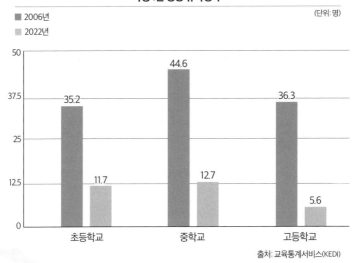

학생 1만 명당 유학생 수

(단위: 명)

■ 2006년
■ 2022년

초등학교: 35.2 / 11.7
중학교: 44.6 / 12.7
고등학교: 36.3 / 5.6

출처: 교육통계서비스(KEDI)

산하면, 대학 입학 전까지에만 약 6억 원을 쓰는 셈이다.

국내에 다양한 대안이 생긴 것도 한몫했다. 외국어학교, 국제학교, 대안학교 등에서도 영어를 교육하고, 미국 대학입시를 준비할 수 있는 환경이 갖춰졌기 때문이다.

그런데도 대치동을 포함한 강남권 학부모들이 여전히 보딩스쿨에 관심을 갖는 이유는 아이비리그 등 미국 명문대를 보내는 가장 확실한 방법이라고 여기기 때문이다.

마이클최 원장은 "미국 입시에서는 출신 고등학교의 명성이 중요하다"고 설명했다. 예컨대 하버드대학은 1년에 약 2,000명을 모집한다. 이 자리를 두고 전 세계에서 5만~6만 명이 몰려든다. 정량적 스펙만으로 당락을 구분 짓기 어렵다는 이야기다. 그래서 학교는 지원자와 같은 고등학교를 졸업한 입학생들의 진학 후 성적을 살펴본다. 노골적으로 명문고 출신을 뽑는 경향이 강하다.

국내 재벌가 자제들 역시 이 명문 코스를 따르는 경우가 많다. 이재용 삼성전자 회장의 딸은 명문 주니어 보딩스쿨인 초트 로즈메리 홀(Choate Rosemary Hall), 김승연 한화그룹 회장의 두 아들은 세인트 폴 스쿨(St. Paul's School), 정용진 신세계 회장의 자녀는 그로튼 스쿨(Groton School)을 졸업했다.

보딩스쿨로 가는 길

미국 보딩스쿨은 경제적 여유가 있다고 해서 진학할 수 있는 것도 아니다. 미국에는 보딩스쿨이 약 380교 있다. 이 중 밀리터리 스쿨, 아트 보딩스쿨, 마운틴 스쿨 등 특화된 학교를 제외하고 대학입시를 위해 진학할 만한 보딩스쿨, 즉 칼리지 프렙 스쿨은 약 80교다.

여기서도 상위 20~30위권에 드는 좋은 보딩스쿨에 들어가기 위해서는 SSAT(Secondary School Admission Test, 미국 사립학교 입학시험)

를 응시해야 한다. SSAT는 사립학교 입학을 위해 학생의 전반적인 영어 능력과 수학 실력 등을 측정하는 시험이다. 한국에서는 1, 3, 4, 11, 12월, 이렇게 연 5회 정규 시험이 열린다. 이 시험을 통과하기 위해 학생들은 짧게는 6개월에서 길게는 1~2년이라는 준비 기간을 거친다.

SSAT 외에도 내신 성적이 양호해야 하고, 봉사 활동 등 비교과 활동도 준비해야 한다. 비교과 활동의 경우, 국내 유학원에서 컨설팅을 해주는 경우가 많다. 또 학교에 따라서는 학부모 인터뷰를 진행하기도 한다.

아이들은 미국 보딩스쿨에 진학했더라도 방학이 시작하는 즉시 귀국한다. 미국보다 더 잘 가르친다는 대치동 학원가에서 미국 대학입시를 준비하기 위해서다. 대학입시 전 방학은 이들에게 중요한 기간이다. 한국에 들어와 평소 어려워하는 과목을 공부하거나 비교과 활동을 해야 한다.

부적응, 일탈로 실패하는 경우도

모든 조기유학이 장밋빛인 것은 아니다. 조기유학 실패 사례도 많다. 한 유학원 원장은 "실제로 미국 명문대학 입학까지 이어지는 성공 케이스는 절반 이하"라며 "한국 학교에서도 내신이 최상위권이었거나 영어가 유창한 학생이 아니면 성공하기 어렵다"고 말했다.

일단 미국 학교생활에 적응하기 힘든 문제가 가장 크다. 특히 사춘기가 온 학생은 현지 적응과 언어 학습을 대체로 어려워한다. 나이가 올라갈수록 한국인들과 어울리는 비중이 높아져 영어를 제대로 배우지 못한다는 점도 문제다. 부모가 감시하기 어려운 만큼 마약 등 심각한 일탈에 연루되는 경우도 간혹 있다.

결국 유학 생활을 중단하고 국내에 돌아와도 극복은 어렵다. 중학교 고학년~고등학교 때 한국으로 복귀한 경우, 국내 대입 준비에 다시 열을 올려야 하기 때문이다.

2023년에 고등학교 2학년 아들을 한국으로 다시 데려온 학부모 B 씨는 "아이의 부적응 문제를 받아들이는 데까지 시간이 오래 걸렸는데, 한국으로 돌아온 뒤 입시에 있어 이도 저도 아니게 돼 더 막막했다"며 "조기유학을 고민할 때는 자녀의 영어 수준, 적응 능력, 자기주도성 등을 냉철하게 보고 신중하게 판단해야 한다"고 말했다.

8

치열한 경쟁 속
번아웃 겪는 아이들

대치동 학부모에게 '탈대치'란

"아이가 대치동에서 적응하지 못해 탈(脫)대치를 하는 케이스도 많아요. 이런 이야기는 수면 위로 잘 드러나지 않잖아요. 같이 공부하던 친구가 조용히 없어지면 짐작만 하는 거죠."

40대 학부모 A 씨는 최근 대치동을 떠나 종로구로 이사했다. 둘째 딸을 위해서였다. 그 자신이 대치동 토박이인 A 씨는 열심히 공부해 전문직 직장인이 됐다. 첫째 아들도 대치동에서 조기유학을 준비하고 아이비리그 대학 합격증을 따냈다.

그에게는 나름대로 대치동 성공 노하우를 안다는 자부심이 있었다. 둘째가 초등학교 고학년이 되기 전까지는 말이다.

어린이집에서부터 쉴 새 없이 달린 둘째는 초등학교 고학년이 되자 "공부를 못 하겠다"는 말을 입에 달고 살기 시작했다. 부모 몰래 등교하지 않아 학교에서 연락이 오는가 하면 체중 저하 등 부작용도 드러났다.

학원을 줄이고 상담을 받아가며 대치동에서 버텨보려 했으나, 결국 결론은 대치동 탈출이었다. 중학생이 된 A 씨의 딸은 전학 후 모든 학원을 관두고 학교만 다니고 있다. A 씨는 "오히려 벗어나니 속은 편하다"고 말했다.

대치동 부적응, 등교거부로 눈치채

자녀를 명문대에 진학시키고자 상상을 초월하는 사교육에 의존하는 대치동 학부모들이 아이가 대치동 학습 방식을 잘 따라가고 있는지 판단하는 척도는 학교다. 학업 스트레스를 겪는 학생들이 가장 많이 보이는 증상 중 하나가 바로 등교거부이기 때문이다.

송파구에서 중학교 3년 내내 전교 톱 성적을 유지하며 전교 학생 회장까지 지낸 학생이 대치동의 유명 고등학교에 진학했다가 2학년 때부터 갑자기 등교를 거부하며 공부를 완전히 끊어 졸업하지 못한 사례도 있다. 대치동 학원가와 가까워 진입 수요가 많은 한 아파트 단지에서 서로 다른 가정의 학생과 부모가 우울증으로 연달아 극단적 선택을 한 사실이 쉬쉬하며 회자된 적도 있다.

치열한 성적 경쟁으로 학업 스트레스를 겪는 학생들은 불안감, 우울감, 무기력 등에 시달린다. 문제는 힘들고 아프다고 말하는 것조차 경쟁에서 뒤처지는 기분이 든다는 점이다.

대치동에서 초등학생 자녀를 키우는 40대 학부모 B 씨는 "모든 집단이 비슷하겠지만, 대치동에서도 성공한 사례는 크게 조명되고, 실패한 사례는 철저히 숨겨진다"고 했다. 그러고는 "대치동에 학원만큼 많은 것이 정신건강의학과, 청소년심리상담센터"라고 덧붙였다.

대안학교, 비인가 국제학교 문 두드려

대치동 학부모들이 자녀의 공부 환경을 완전히 바꿔줘야겠다고 결심했을 때 문을 두드리는 곳이 수도권의 대안학교와 비인가 국제학교다.

대안학교의 경우, 경기도 성남시 이우학교와 용인시 소명학교가 인기다. 학생을 학년당 수십 명 수준만 선발하기에 경쟁률도 매우 높다.

대치동 입시 컨설턴트 C 씨는 "강남에서 멀지 않은 대안학교들은 경쟁률이 수십 대 1 수준으로 높은 편"이라면서 "학급당 인원이 10명 정도로 운영되기 때문에 선생님이 학생마다 할애할 수 있는 시간이 길다는 점에서 부모들이 만족한다"고 설명했다. 이어 "학교 교육과정 이외의 사교육을 받지 않겠다는 각서를 받거나 부모 심층 면접을 보는 대안학교도 있다"고 말했다.

그는 "자녀가 어릴 때부터 해외의 대학 진학을 고려하는 일부 학부모는 아이의 대치동 적응도와 무관하게 강남의 비인가 국제학교를 보내기도 한다"며 "아이가 내성적이라 일찍 수도권의 대안학교에 진학시켜 미국에서도 톱티어에 속하는 뉴욕대학 경영학과에 합격시킨 사례도 있다"고 덧붙였다.

일부 대안학교들과 비인가 국제학교들은 매달 드는 학비 외에도 500만~1,000만 원에 달하는 입학금 혹은 보증금을 내야 한다. 이렇게 소수의 학생으로 운영되는 비인가 교육기관은 재정적 부담도 만만치 않은 데다 졸업 학력을 인정받기 위해서는 따로 검정고시를 봐야 한다.

자녀 스트레스 관리 역시 학부모 몫

얼마 전, 지역별 학부모의 교육법을 다루는 한 유튜브 채널에서 대치동 학부모가 "자녀가 5세에 영어유치원에 입학했다가 불과 6개월 만에 번아웃(탈진)을 겪었다. 아이가 방에 들어가지도 못하고, 색연필을 잡지 못해 서둘러 해당 유치원을 관뒀다"고 밝혀 화제가 된 적이 있다.

요즘에는 자녀의 마음을 들여다보고 스트레스를 관리해줄 줄 아는 것이 대치동 학부모로서의 필수 덕목으로 여겨진다. 유치원에 입학하고부터 대학 입학 때까지 14년 동안 한 번도 번아웃을 겪지 않는 학생은 없다는 이유에서다.

가장 손쉬운 스트레스 관리 방식은 사교육 다이어트다. 다니는 학원 수를 줄이거나, 숙제량이나 학업 분위기가 비교적 느슨한 학원으로 옮기는 식이다. 박은주 링고맘에듀 대표는 "사춘기 무렵 학원을 전부 관두거나 수학학원 한 곳 정도로 확 줄이는 사례가 있다. 자녀에게 쉼을 주려는 목적"이라고 설명했다. 이어 "사춘기가 임박해서는 스트레스를 해소하기 위해 농구교실, 수영장 등을 다니는 대치동 키즈도 매우 많다"고 덧붙였다.

강남구는 한티역 인근에 학업 스트레스를 겪는 청소년들을 위해

'사이쉼'이라는 청소년심리지원센터를 마련하기도 했다. 전문 상담사가 상주해 놀이 치료와 심층 심리 상담을 해준다. 상담이 모두 무료인 데다 초등학교 저학년부터 20대 대학생, 학부모까지 이곳을 찾는 사람이 많기 때문에 대기 인원이 많다. 그래서 한 사람당 10회로 상담 횟수 제한이 있다.

공부 너무 잘해도 탈대치 고민

자녀의 성적이 너무 좋아도 대치동 탈출을 고민하는 순간이 있다. 면학 분위기와 상관없이 최상위권 성적을 계속 유지할 자신이 있으면, 내신 1등급을 노리고 전략적으로 대치동을 떠나기도 한다. 이런 트렌드는 의대 증원이 확정됨에 따라 지방 의대 진학을 겨냥해 더욱 확산할 것으로 전망된다.

박은주 대표는 "대치동 학원 인프라를 가까이에서 활용할 수 있는 송파구나 수도권 주요 학군지인 분당구, 혹은 강북 지역으로 이사하려 한다며, 학구열 좋은 학교를 배정받으려면 어디로 가야 하느냐는 등의 문의가 꾸준히 있다"면서 "특히 수학 과목에서 높은 성적을 안정적으로 유지하는 학생들의 경우에는 내 쪽에서 먼저 탈대치를 권하기도 한다"고 했다.

　유명 영어 강사인 조정식 씨는 2023년 채널A의 교육 프로그램 〈성적을 부탁해 티처스〉에 출연해 "어떤 입시전형을 준비시키느냐에 따라 그에 맞는 로드맵이 다르다. 선택과 집중을 할 필요가 있는데, 대치동은 경쟁이 과열돼 '남들이 하면 우리 아이도'라는 분위기가 조성돼 있다"고 지적한 바 있다. 그러면서 "사교육을 시키더라도 학부모가 중심을 잘 잡는 것이 가장 중요하다"고 조언했다.

9

'SKY 입학' 패스권 쥔
학생들

수능, 내신 챙길 필요 없다?

"주변에서 특례(재외국민 특별전형)를 준비하는 경우를 보면, 다들 의대나 서울 상위권 대학에만 지원해요. 그보다 떨어지는 대학 학과를 갈 바에는 차라리 해외 대학을 가겠다는 생각이에요."

대학으로 가는 길이 하나만 있는 것은 아니다. 수시전형이 확대되면서 대학에 갈 수 있는 길이 엄청나게 다양해졌다. 특히 해외 생활을 한 학생들을 정원 외로 뽑는 재외국민 특별전형, 흔히 특례라고 부르는 제도는 주요한 명문대 입학 통로로 자리 잡았다.

특례는 해외에서 소득 활동을 하는 부모를 따라가 현지에서 교육과정을 이수한 학생들이 국내 대학에 진학하는 것을 돕기 위해 마련된 전형이다. 외국에서 지낸 학생들이 한국 교육을 따라가지 못할 것으로 간주해 만들어졌다고 할 수 있다.

주재원 늘어나며 특례 지원자도 급증

특례는 한국의 경제 발전 역사와 맥을 같이한다. 시작은 1978년 박정희 정권에서 공무원이나 국제기구 근무자를 위해 만든 정책이었다.

1990년대 후반부터는 해외 진출 기업이 늘어났다. 그 결과, 2000년대 초반까지는 북미나 유럽에서 거주한 경험이 있는 학생이 주로 시험을 치렀다.

2000년대 중반부터 2010년대 중반까지는 중국 거주 학생이 다수였다. 한국 기업과 개인의 중국 진출이 활발했기 때문이다. 2010년 말부터 지금까지는 베트남, 인도네시아 등 동남아시아에서 거주한 학생의 비율이 높다.

특히 중국에서 사업을 운영하거나 중국으로의 직원 파견이 많았던 2000년대 중반부터 2010년대 초반까지는 특례 최고 호황기

재외국민과 외국인 특별전형 공통 지원 자격	
학생 이수 기간	고교 1년 포함, 중고교 3년 이상으로 표준화
해외 체류 기간	학생: 해외 재학 기간 내 1개 학년마다 3/4 이상 부모: 해외 재학 기간 내 1개 학년마다 2/3 이상

이자, 꼼수가 제일 많았던 시기다. 해외에 사업체를 차리고 정확히 3년만 현지에 거주하기도 하고, 한국에 머무를 수 있는 일수를 계산해 대치동 학원을 다니는 학생도 많았다.

특례학원에서 15년 이상 일한 A 원장은 "2000년대 중반에는 연초마다 중국 베이징, 상하이, 선전에 직접 출장을 가서 입시설명회를 개최했다"며 "당시 대기업 주재원 등이 많았던 도시"라고 설명했다.

도입 초기 특례 제도는 지금보다 세분화돼 있었다. 해외 거주 기간도 2, 3, 6, 9, 12년으로 나뉘어 있었다. 이후 제도가 정비되며 2021년부터는 3년과 12년 특례만 뽑는다.

일반적으로 3년 특례는 서류와 면접을 통해 선발한다. 과거에는 시험을 보는 곳도 있었다. 문과는 국어 시험을 보고, 이과는 수학 시험을 보는 식이었다. 대학마다 전형과 기준이 다르고 복잡했기 때문에 대부분 대치동 학원을 다니면서 준비했다. 지금도 지방 소재 대학 중 일부는 시험이 남아 있다.

12년 특례는 초·중·고 정규교육을 모두 외국에서 받은 경우다. 드물기도 하고 정원 외로 뽑기 때문에 3년 특례보다 확실히 상위권 대학에 가기 쉽다는 평가를 받는다. 서울대학교 같은 경우도 면접을 보지 않고, 서류전형으로만 12년 특례를 선발한다.

대치동 틈새시장 된 특례학원

특례학원은 대치동 학원가에서 틈새시장으로 굳건히 자리를 잡았다. 대치동에서 유명한 특례학원은 문과는 G 학원, 이과는 S 학원이다.

이 학원들은 대학별 맞춤형으로 지도하는 것이 경쟁력의 원천이었다. 과거 논술을 보는 대학에 대비하기 위한 A 대 논술반, 국어 시험이 어렵기로 유명한 B 대에 대비하기 위한 B 대 국어반을 만드는 것과 비슷한 방식이었다.

학생들은 한 달에 100만 원 이상인 종합반을 다니는 동시에 자신이 지망하는 대학에 특화된 맞춤형 강의도 들었다. 보통 평일에는 종합반 수업을 듣고, 토요일에는 학교별 특강을 듣는 식이었다.

제도가 표준화하면서 대치동 특례학원도 변화를 꾀하기 시작했다. 2021년부터 학생 교육과정 이수 기간, 해외 체류 기간 등이 균일해졌다. 지필고사 대신 서류와 면접으로 뽑는 것이 대세가 됐다. 이 때문에 학원에서 과목별 단과 수업을 운영하는 것도 무의미해졌다.

그렇다고 해서 학원이 덜 중요해진 것은 아니다. 상담과 컨설팅이 중요해졌기 때문이다. 재외국민 특별전형은 준비해야 할 서류가 매우 다양하다. 해외 학교 성적, 외국 거주 증명, 부모의 해외 소득 증명 등 형식적인 것부터 포트폴리오까지 필요한 서류가 수십 가지나 된다. 또 국가별 국제학교 여건이나 현지 상황 등을 잘 알아야 하기 때문에 특례학원 컨설턴트의 역할은 더 커지고 있다.

단순히 서류만 대행해주는 것은 100만 원 정도지만, 포트폴리오 등을 함께 작성해주면 비용은 수백만 원으로 올라간다. A 원장은

학교별 전형 방법 - 인문계	
고려대	1단계: 서류 100, 2단계: 1단계 70, 면접 30
경희대	지필 국어 40, 영어 60
서강대	서류 100
성균관대	서류 100
연세대	1단계: 서류 100, 2단계: 1단계 60, 면접 40
이화여대	서류 100
중앙대	서류 100
한국외대	서류 100
한양대	1단계: 서류 100, 2단계: 1단계 80, 면접 20

"주요 대학이 지필고사전형을 폐지하고, 면접전형 중심으로 학생을 뽑으면서 강의식 수업 대신 상담 중심으로 변하고 있다"며 "대형 학원이 위축되고 상담을 중심으로 하는 군소 학원이 늘어났다"고 설명했다.

재외국민 특별전형은 사실상 한국의 정규 교육과정과 무관하다. 수능에서 높은 점수를 얻거나 내신을 잘 받는다고 합격하는 것이 아니다. 한국에서 학교 수업을 들어서 대비할 수 있는 시험이 아니라는 이야기다.

재외국민 특별전형에서는 해외 학교에서의 GPA(내신 성적, Grade Point Average)를 비롯해 SAT(미국 대학입학자격시험), AP(대학 과목 선이수제, Advanced Placement), IB(국제 바칼로레아, International Baccalaureate), 토플 등의 성적이 중요하다.

재외국민과 외국인 특별전형 관련 주요 조건 정의	
해외 근무자	역년 3년(1,095일) 이상의 해외 근무 또는 사업 영업을 목적으로 해외에 체류한 자
해외 근무자의 자녀	부모 중 1인 이상이 역년으로 3년(1,095일) 이상을 해외 근무자로 재직·사업 영업하는 기간 동안, 해외 소재 학교에서 고교 과정 1개 학년 이상을 포함해 중고교 과정 3개 학년 이상을 수료한 자
해외 재학 기간	학생이 학기 개시일로부터 해외 소재 학교에 재학했을 경우에는 학기 개시일부터 다음 학년도 동일 학기 개시일 전일까지를 1개 학년으로 함. 단 학기 중간에 편입학해 학기 개시일부터 재학하지 못한 경우에는 역년으로 1년(365일)이 되는 일까지를 1개 학년으로 함. 졸업한 자의 경우, 졸업 일자까지를 1개 학년으로 정의함.

AP는 대학교 1학년 교양 수준의 과목을 미리 이수할 수 있는 시험 제도다. 과목별로 시험을 봐서 성적을 따는 방식인데, 5점이 만점이다. 해당 과목을 학교에서 가르치지 않아도 개인 자격으로 시험을 볼 수 있다. 3년 특례의 경우, SKY 대학을 가려면 AP 점수가 8개 이상 있어야 한다는 것이 전문가들의 설명이다.

IB는 국제적으로 인정되는 교육 방식이다. 특례에서 중요한 것은 졸업을 앞두고 본 시험의 성적이다. 45점 만점으로 40점 이상은 돼야 상위권 대학에 지원할 수 있다.

최근 서류전형이 중요해지면서 입학에 필요한 성적 수준이 점점 높아지고 있다. 한 특례학원 관계자는 "통상적으로 상위권 대학에 가기 위해서는 SAT는 1,500점 이상, AP는 5점 만점 과목이 6과목 이상, 토플은 110점 이상은 돼야 한다. 만약 의대를 목표로 한다면 GPA는 만점, AP는 최소 13개 이상, SAT는 1,560~1,570점 이상, 토플은 117점 이상은 돼야 한다"고 말했다.

이들 시험에서 높은 점수를 따기 위해 학생들은 학원에서 SAT 수업을 듣고, AP를 준비한다. 대치동에서 특례를 준비했던 한 학생은 "대치동 인근 학교들은 특례를 준비하는 학생들을 정규 수업에서 빼주고 따로 입시를 준비하게 했다"며 "그런 아이들은 조례가 끝나면 바로 특례반으로 가 특례 입시에 필요한 시험을 준비했다"고 말했다.

이 때문에 '특례＝특혜'라는 비판도 꾸준하다. 재외국민 특별전형이 모두 면접 중심의 입학사정관제 입시라는 점에서 특히 그렇다. 성적을 수치화, 정량화하기 쉽지 않기 때문에 공정성 논란이 생긴다. 또 '외국에서 교육과정을 이수한 학생들의 국내 대학 진학을 위해 마련된 전형'이지만 체계화된 사교육을 받아야만 합격할 수 있다는 점에서 도입 취지와 맞지 않는다는 지적도 이어지고 있다.

A 원장은 "해외에서 학교를 다닌 학생들은 외국어도 능통하고, 글로벌 마인드를 갖추고 있다는 점에서 분명 경쟁력이 있다"며 "이들을 잘 선발해 교육할 수 있는 제도로 개선하는 것이 필요하다"고 조언했다.

2장

입시만큼 치열한
학원가 경쟁

1

대치동
학원 강사의 삶

매일 새벽 대치동으로 향하는 50대의 정체

오전 6시에 대치동 소재 강남종로학원 남학생관을 찾았다. 6층 짜리 건물 전체가 재수 종합학원으로 쓰이는 곳이다. 학생들은 매일 오전 7시 50분까지 등교하면 되지만, 강사들은 그보다 2시간가량 앞서 건물에 들어선다.

15년째 대치동에서 국어를 가르치고 있는 강동훈 선생은 이 학원에서 의대반 담임을 맡고 있다. 그는 "매일 6시에 출근한다"면서 새벽부터 교무실로 향하는 발걸음을 서둘렀다.

매일 새벽 6시에 출근하는 이유

6:00~7:00 교재 연구 및 수업 자료 준비
7:00~7:30 0교시 미니 모의고사 자료 준비 및 시간표 게시
7:30~8:10 조회, 출결 확인 및 미니 모의고사 감독

학생들이 등원하기 전까지 강 선생이 해야 할 일이다. 그는 "지금이 아니면 수업 자료를 준비할 시간이 없다"며 교무실과 복사실을 분주히 오갔다. 그는 수능 국어 중 문학 파트를 담당하고 있다. 수업 자료로 활용할 문제지에 손으로 일일이 작품을 분석한 내용과 핵심 포인트를 써 내려갔다.

그는 일찍 등원하는 학생을 위해 교실 앞에 '0교시 미니 모의고사' 문제지를 준비해두고, 학생들을 맞이했다. 7시 20분께 교실에 일찍 도착한 학생에게 그날의 컨디션이나 과목별 공부 진행 상태를 묻고, 준비해둔 문제지를 건넸다. "선생이 일찍 와야 아이들 컨디션을 일일히 확인하면서 맞이할 수 있어요. 재종반(재수종합반) 담임은 웬만한 체력의 소유자가 아니고서는 오래 못 합니다."

오전 7시 50분. 학생들이 휴대폰을 1층 출입구에 반납하고 교실로 올라왔다. 아슬아슬하게 등원을 마친 학생을 끝으로 의대반 수

대치동 이야기

강생이 모두 착석했다. 학습계획서를 정리하거나 영어 듣기 모의고사를 풀면서 저마다 알차게 오전 시간을 활용했다.

오전 8시 20분에 1교시 시작종이 울렸다. 1교시가 담임인 강 선생의 문학 수업인 날이었다. 이날은 오장환 시인의 〈성탄제〉와 박남수 시인의 〈새〉를 비교, 분석했다. 월요일 아침이라 졸릴 법도 한데, 그가 학생들의 이름을 부르며 작품 속 단어가 상징하는 의미를 묻자, 누구 하나 놓치지 않고 바로 답했다.

의대반 담임, 어떤 점이 다를까

의대반을 맡는 강사에게 중요한 것은 첫째도 둘째도 셋째도 관리다. 강 선생은 "어떨 때는 학생보다 학부모와 소통하는 시간이 더 길다"면서 1교시를 마치고 학생들에게서 주간 학습계획표를 걷기 시작했다.

이날 그는 1교시와 3교시에 수업이 있었다. 2교시와 4교시 공강 시간에는 학생들의 학습계획표를 검사하면서, 학생별로 순 공부 시간과 과목별 공부 시간 등을 확인했다. 그는 개개인의 학습 진도 및 이전 주와 비교해 달라진 공부 패턴 등을 파악해 정리한, 주간 학습계획표 요약본과 주간에 치른 미니 모의고사 성적표를 사진으로 찍어 학부모들에게 보냈다.

"과거에는 학부모들이 '우리 아이는 국어가 약해요'라고 말했다면 요즘에는 '우리 아이는 문학 중에서도 고전시가 문제만 자꾸 틀려요'라고 구체적으로 이야기합니다. 한두 문제로 당락이 결정되는 만큼 학생의 사소한 변화도 눈치채야 하는 것이 담임의 몫이죠."

강 선생은 "특히 의대반 친구들은 현역 성적으로도 인서울 대학 진학이 가능했다"면서 "절대적인 지식이 부족해 대학에 가지 못한 것이 아니기 때문에 재수 기간 동안 헷갈리는 개념 등 개인의 취약점을 다듬는 데 집중한다"고 설명했다.

대치동 재수종합반 최신 트렌드는

강남종로학원의 경우, 2024년부터 대치동 휘문고등학교 앞에 있는 건물은 남학생관, 교대역 인근에 있는 건물은 여학생관으로 성별을 구분해 운영하고 있다. 재수 생활 중 혹여 이성 교제를 하거나, 친구들과 어울려 공부를 소홀히 할까 우려하는 학부모들이 선호한다는 후문이다.

의대, 메디컬(치대, 한의대, 수의대), 서성한(서강대학교, 성균관대학교, 한양대학교) 등 목표로 삼는 대학이 각 반의 이름이다. 남학생관의 경우, 9개 반에서 수능에 도전하는 학생들이 공부에 매진하고 있다. 6월 평가원 모의고사가 끝나면, 반수를 결심한 학생들이 추가로 들어오면서 두세 개 반이 더 생긴다.

학생들이 매월 지불하는 비용은 평균 250만 원 선이다. 성적에 따라 장학금을 받는 경우도 있다. 주말에 1시간씩 늦게 등원하는 것 외에는 매일 오전 7시 50분부터 오후 9시 50분까지 밀착 관리를 받으며 수험 생활을 이어간다.

수업은 줄이고, 관리와 콘텐츠는 늘리는 것이 요즘 재수 종합학원의 트렌드다. 최민병 강남종로학원 대치캠퍼스 원장은 "인강이 보편화되면서 재수종합반들이 과거 저녁 식사 전까지 운영하던 강의식 수업을 점심 식사 전까지인 1~4교시로 확 줄였다"며 "추가로 개념 공부가 필요하다고 생각하는 학생들은 오후에 특강을 듣지만, 수업 시간을 전체적으로 줄여 학생들의 개인 공부 시간을 늘리는 것이 요즘 재수학원의 특징"이라고 설명했다. 최 원장은 "콘텐츠는 매일 오전에 보는 미니 모의고사나 강사별 자체 수업 자료를 의미한다"며 "인강 강사가 제공하는 문제 역시 학생들이 질문할 수 있기 때문에 강사들이 항상 숙지하고 있어야 한다"고 말했다.

현장 강사만의 차별점 찾아야

점심시간을 마치고 오후 1시부터는 태블릿 PC 등 인강에 필요한 전자기기를 쓸 수 있다. 1시부터 4시까지는 선생님들이 교대로 자습실을 감독하는 한편 질문 창구를 운영한다.

강 선생은 이날 오후 3시까지 학과 질문을 받았다. 교무실에 국어 문제를 들고 오는 학생을 한 명씩 앉혀두고 질문을 해결해준다. 그는 "김승리, 유대종, 강민철 등 국어 영역 인강 일타강사들이 자체적으로 만든 문제도 물어본다"고 했다. 또 《간쓸개》나 《김봉소》 같은 모의고사형 국어 문제집도 인기"라며 "여기에 실린 문제를 모두 풀어보고, 분석해둔다"고 설명했다.

오후 4시 30분이 되면 종례 시간을 갖는다. 다음 날 시간표와 일정 등을 공유하고, 개인적인 일로 저녁에 외출하는 학생이 있다면 학부모에게 알리기도 한다. 저녁 질문 당직이나 특강이 없는 평일에는 오후 5시께 퇴근한다. 저녁에는 인근 학원가 혹은 수도권의 자율형 사립고등학교로 출강한다.

강 선생은 대치동 소재 메이드학원의 분원인 양천구 목동 메이드학원에서 매주 토요일 오전 11시부터 오후 1시까지 수시 논술 대비 특강을 한다.

논술 수업의 경우, 학생마다 목표로 삼는 대학의 논술 기출 문제를 풀고 있으면 강 선생이 돌아다니면서 일대일 지도를 한다. 최근 대치동에서 인기를 얻고 있는 수업법이기도 하다.

단국대학교 특수교육과에 정시로 합격했지만, 중경외시(중앙대학교, 경희대학교, 한국외국어대학교, 서울시립대학교) 미디어학부를 진학하고 싶어 반수를 택했다는 정 모 씨는 "의대에 도전하는 재수생이 늘어, 수능에서 1~2등급을 따는 것이 더욱 힘들 거라 보고 있다"며 "반수지만 학생부 교과전형과 논술전형을 함께 준비해 정시 부담을 덜고자 논술학원에 다니고 있다"고 설명했다.

강 선생은 "판서할 일이 점점 없어지는 것을 체감한다"며 "입시 사교육 현장에서는 인강이 할 수 없는 일대일, 소수 정예, 과외식 같은 키워드가 대세가 된 듯하다"고 설명했다. 이어 "수업 준비와 입시 제도 분석을 끊임없이 하지 않는 강사는 살아남을 수 없는 곳이 바로 대치동"이라고 말했다.

2

4세 노리는
대치동 학원가

영유는 시작일 뿐

대치동 학원가는 대학입시를 다루는 학원만 경쟁이 치열한 것이 아니다. 어려서부터 아이를 육각형 인간으로 키우고자 하는 부모들의 수요를 겨냥한 모든 학원들의 전쟁터다. 영어유치원을 막 졸업한 '영어 인재'를 모시는 어학원, 영재고등학교 준비를 시작한 4~6세를 노리는 사고력수학학원과 영재학원, 디지털에 익숙한 어린아이들의 문해력을 키워주겠다고 홍보하는 논술학원 등 다양하다. 여기에 수십 년 전부터 이름을 날려온 학원들과 이들의 콘셉트를 모방한 신생 학원들이 뒤섞인다. 흔히들 바로 옆 건물에 동종 업계가 들

대치동 이야기

어서면 상도덕이 아니라고 말하지만, 대치동 학원가는 좀 다르다. 유명 학원 인근에 새로운 학원이 자리를 잡으면, 그만큼 부모들에게 노출될 수 있다는 이점이 있어 입지 선정이 치열하다.

대치동 3대 영어학원

대치동에서 3대 영어학원으로 꼽히는 곳은 PEAI어학원, ILE어학원, 렉스김어학원이다. 여기에 입학하려고 강남권에 사는 아이뿐만 아니라 전국에서 입학 희망자들이 몰려든다. 덕분에 학원들은 마케팅에 큰돈을 쓰지 않고 부모들의 입소문 하나로 현재까지 명성을 유지할 수 있었다.

주목할 것은 이들 학원이 받으려는 신입생은 일반 유치원생이 아니라는 점이다. 이 학원들은 공통으로 예비 초1(7세)을 대상으로 레벨테스트를 본다. 듣기, 말하기, 읽기, 쓰기 시험을 거친 뒤 인터뷰(면접)로 학생들을 선발한다. 수업은 대부분 미국 교과서로 진행한다. 영어유치원을 갓 졸업한 아이들이 초등학교에 가서도 꾸준히 영어 실력을 유지하고, 외국어고등학교까지 무난하게 입학할 수 있는 역량을 키워주는 데 중점을 둔다.

역사별로 살펴보면, 렉스김어학원이 1995년에 제일 먼저 대치동에 터를 잡았다. 듣기와 말하기 능력 향상에 중점을 두고 교육하며 원어민 수업을 내세운다. 자연스러운 영어 구사 능력 향상을 돕는다는 취지다. 가장 오랜 세월 대치동에 자리한 만큼 학생별 관리에도 까다롭다. 학생들의 학습량 자체를 늘리는 데 주력하는데, 3대 어학원 중에서도 숙제량이 가장 많은 것으로 알려져 있다.

10년 뒤인 2005년에 ILE어학원이 들어서며 렉스김어학원과 경쟁 구도를 이뤘다. 듣기, 말하기, 읽기, 쓰기 등 4가지 영역 모두를 종합적으로 학습하는 체계적인 커리큘럼으로 부모들을 홀렸다는 후문이다. 대치동의 한 어학원 관계자는 "ILE는 꾸준히 자사고, 외고 출신 명문대 학생을 배출해내기 때문에, 학원이 학생을 불러 모으려 노력하지 않아도 부모들이 알아서 찾아오는 구조가 만들어졌다"고 전했다.

2006년 후발 주자로 대치동에 입성한 PEAI어학원은 아이가 영어에 흥미를 느끼고 자신감을 키울 수 있는 커리큘럼을 내세운다. 미국 학교처럼 프로젝트 수업과 토론이 많다는 점이 차별점이다. 이를 모방해 학생별 맞춤 수업을 제공하는 신생 어학원이 우후죽순 생겨났다는 분석도 나온다. 어떤 대치동 어학원 관계자는 "PEAI 출신 원장이 이끄는 한 학원은 부모들의 발걸음을 돌리는

데 성공했다"며 "이 학원은 특히 인터뷰 형식의 레벨테스트로 합격 여부를 가르지 않아 선호하는 부모들이 많은 것으로 유명하다"고 귀띔했다. 단순히 영어 회화 구사력이 아니라 가르침을 받으려는 아이의 열정을 본다는 것이다.

사고력수학학원 인기

대치동 학원가에는 4~6세 아이를 겨냥한 사고력수학학원도 많다. 이들 학원은 "유치원 시기에는 정형화한 교과 수학을 배우는 것이 우선이 아니다"라고 강조한다. 사고력수학, 연산법을 중심으로 창의력을 키우고 수학 과목에 대한 흥미 자체를 높이는 것이 중요하다는 의미다.

2000년대 초반부터 지금까지 줄곧 대치동 유아 대상 사고력수학학원을 대표하는 곳은 소마와 시매쓰다. 두 학원 모두 레벨테스트 결과에 따라 반을 나누고, 자체 교재를 강조한다. 강사진들이 자체 개발한 교재로 사고력 수업을 진행하고 나서 부교재로 숙제를 내줘 수업 시간에 배운 내용을 복습시킨다.

소마는 홈페이지에 "다양한 생활 속 소재로 아이들의 배경지식을 넓혀주고, 교구와 게임 등의 활동을 통해 수학에 대한 흥미를 유발해 사고력과 창의성을 키워준다"고 소개한다. 또 분기에 한 번씩 시험을 쳐서, 높은 반으로 레벨 업 할 학생을 선발한다. 가장 수준 높은 반인 프리미어(최상급)반 합격을 보장한다고 내세우는 과외식 학원도 생겨났다.

이에 질세라 시매쓰는 6~7세를 대상으로 한 사고력수학 프로그램을 자체 개발했다. 이곳은 "능동적인 탐구 및 체험 중심의 활동을 통해 수학적 사고력과 창의적 문제 해결력의 탄탄한 기반을 쌓게 된다"고 강조한다.

2010년 후반에 들어서는 소마와 시매쓰 인근 또는 같은 건물에 2~3개 영재학원이 붙어 있는 경우까지 생겨났다. 이들 중에는 "영재원 합격과 경시대회 수상을 보장한다"고 내세우는 학원도 많다. 다함영재원의 경우, 이곳만의 연산법으로 입소문이 났다. 파워영재학원은 유치원생도 응시할 수 있는 한국수학학력평가(KMA) 준비를 주로 내세운다. 이 학원은 자체적으로 실시한 수학 연산 평가에서 최우수상을 받은 6~7세 학생들의 리스트를 학원 앞에 공개하는 식으로 홍보한다.

양대 논술학원 틈새 노리는 신생 학원

대치동 논술학원은 주로 대입 논술전형 준비를 위한 고등학생을 주요 타깃층으로 한다. 하지만 그렇지 않은 학원도 많다. 유치원생 모시기에 나선 논술학원들은 어린 나이부터 글을 쓰고 읽는 능력을 키워야 한다고 여기는 부모들을 겨냥한다.

독서와 글짓기, 토론, 사고력 수업을 위주로 진행하는 일부 유명 학원들은 최소 1~2년씩 대기해야 하는 것으로 알려져 있다. 대치동 3대 어학원과 비슷하게 부모들에게 따로 홍보하지 않아도 과거부터 수요가 탄탄한 곳들이 많다. 덕분에 마케팅 비용을 절감하고, 수업용 교재를 구상하고 기획하는 데 더 힘을 쏟을 수 있다는 것이 학원들의 입장이다.

이 중 수십 년 전부터 명실상부 톱 자리를 지켜온 학원은 1988년 대치동에 터를 잡고 30여 년 넘게 운영 중인 문예원 글로피아다. 아동기와 청소년기에 독서와 글쓰기로 완성되는 세계관을 갖추고 인문학적 소양과 맞춤화된 교육을 행하겠다는 취지로 설립됐다. 다양한 분야의 책을 읽고 글을 쓰고 조리 있게 말하는 역량을 얻어 갈 수 있는 것이 특징이다. "아이가 뱃속에 있을 때부터 대기를 걸어야 입학할 수 있다"는 말을 생기게 한 곳이기도 하다.

문예원은 미취학 아동 특화 학원인 글로아이를 따로 뒀다. 학원 측은 "언어가 급격히 발달하는 유아기(4~7세)에 그림책은 읽기, 쓰기, 말하기, 듣기 등 언어 학습 능력과 인지력을 향상시키는 데 도움을 준다"며 "유아기 성장 발달 단계에 맞춰 선정한 책들과 체계적인 프로그램으로 독서를 재미있게 대할 수 있게 한다"고 설명했다.

2007년에는 논술화랑이 양대 산맥으로 떠올랐다. 이곳은 유아부터 독서 지도, 논술, 한국사, 세계사, 고전, 토론 등을 수업한다. 이에 대항해 2012년 생겨난 지혜의숲은 대치 본점을 기반으로 전국적으로 지점을 늘려나가며 몸집을 불렸다. 주기적으로 부모들을 위한 온라인 특강을 열기도 한다. 커리큘럼도 단순 독서 논술에 초점을 맞춘 것이 아니라 예술과 철학을 접목한 교육 방식으로 차별화를 꾀했다.

이후 2020년대에 들어서서는 아이들이 디지털 기기에 익숙하다는 점을 겨냥, 차별화된 교육 방식을 앞세운 신생 학원들이 터를 잡기 시작했다. 특히 2020년에 문을 연 페이지바이페이지 대치본원은 CMS영재교육센터와 청담어학원 등을 만든 교육기업 크레버스에서 개원한 학원으로 부모들의 눈길을 끌었다.

앞으로 유치원생을 타깃으로 하는 대치동 학원가 경쟁은 더 치열해질 것이라는 전망이 나온다. 대치동에서 10년간 입시 컨설팅을 해온 한 전문가는 "앞으로 대치동 학원가에서 영유아 자녀를 둔 부모들의 수요를 겨냥하려면, 차별화된 커리큘럼을 내세우는 것이 중요해 보인다"며 "돈을 많이 투자하더라도 아이가 다방면으로 성장할 수 있는 교육을 하겠다는 젊은 부모가 많아진 지금, 틈새시장을 공략하려는 학원들도 많아질 것으로 보인다"고 짚었다.

3
앞서는 교육 표방하는
초등 학원들

학원이 곧 아이 성적표

"아이 학원 고르는 기준을 딱 하나만 꼽아야 한다면 '같이 공부하는 친구들의 수준' 같아요. 성적이 좋은 그룹 내에 있는 것이 동기부여, 자신감 등 여러모로 중요하다고 생각합니다. 선생님 입장에서도 학습 수준이 높은 반에 더 많은 걸 알려줄 수 있지 않을까요."

6월의 어느 밤 9시 30분께 대치동 학원가에서 아이의 하원을 기다리던 한 학부모는 이렇게 말했다. 자녀가 강남 소재 초등학교에서 상위 10%라고 소개한 그는 "어떤 학원을 다니는지 보면 그 아이 실력을 가늠할 수가 있다"고 말했다. 아이들 사이에서는 다니는 학원의 수준이 첫 명함이자 성적표가 되는 셈이다.

이렇게 세분화된 '급'이 형성되기까지 학원가는 다양한 변화를 겪어왔다. 특히 입시 외에도 수요가 다양한 초등학생 대상 학원은 시대를 거듭하며 변화 속도가 더욱 빨라졌다. 이 같은 변화는 특히 학원이 집결된 강남 학원가가 주도했다.

초등학생 대상 학원들의 변천사를 들여다보면 다음과 같다.

수학, 반복적 문제 풀이에서 창의력·사고력 위주로

수학학원 시장은 1990년대부터 본격적으로 커지기 시작했다. 수학은 당시에도 선행학습이 강조되는 분위기였다. '반복적 문제 풀이'가 학원 홍보의 주요 키워드이기도 했다. 초등학생 사이에서는 천재교육, 구몬학습 등 학습지를 기반으로 한 공부방이 인기였다.

2000년대부터는 사고력과 창의력을 키우는 수학이 주목을 받기 시작했다. 이 같은 역량을 키워준다는 와이즈만이 생기자, 부모들은 너도나도 초등학생 자녀를 등록시켰다. 1998년 설립된 와이즈만은 다양한 교구와 실험을 활용해 교육했고, 과학과 융합하는 프로그램을 내세웠다. 2003년 설립된 CMS는 융합 인재 양성에 주력하며 사고력 기반 융합 교육 프로그램을 운영했다.

2010년대부터 지금까지 수학은 입시에서 결정적인 과목으로 꼽히고 있다. 수학 학습 방법은 더욱 세밀하게 나뉘었다. 현재는 저학년과 고학년의 학습 방법을 달리해야 한다고 여긴다. 고학년에 올라가 본격적으로 수학 문제 풀이를 시작하기 전에, 기초 체력에 해당하는 창의력과 '수학머리'를 길러줘야 한다는 것이다. 정형화된 수학 문제뿐만 아니라 경시대회 문제, 도형 관련 문제를 접하더라도 자신감을 가질 수 있게끔 말이다.

최근에는 초등학교 입학 전에는 필즈나 소마를 다니다가, 입학하고 나면 생각하는황소로 빠지는 경우도 많다. 생각하는황소는 들어가는 것이 어려워 입학 시험이 '황소고시'라고도 불리는데, 입학보다 실제 학원 생활이 더 어려운 것으로 유명하다.

영어, 원어민 학원이 아닌 영어유치원부터

초등학생 영어 교육이 본격적으로 관심을 받기 시작한 것 역시 1990년대다. 해외 유학 수요가 생겨나면서 영어학원들은 다양한 학습법을 내세우기 시작했다. 특히 초반에는 원어민 교사가 있는 곳들이 관심을 받았다. 대표적인 곳이 1986년 설립된 정상어학원, 1998년 설립된 청담어학원이다.

ESL(English as a Second Language, 영어를 제2 언어로) 교육 방식도 관심을 받았다. 이는 학생들이 듣기, 읽기, 쓰기, 문법 등 다양한 영역에서 어학 실력을 고르게 향상시킬 수 있도록 구성한 프로그램이다.

2010년대에는 영유아 영어 교육이 발전하면서 '영어유치원→영어학원' 순으로 교육받는 학생이 늘었다. 특목고 입시를 준비하는 학원들이 인기를 끌었다. 청담어학원과 정상어학원 등은 특목고 진학을 준비하는 학생들을 위해 심화 영어 프로그램을 제공했다.

최근 몇 년 사이에는 개별 영어 학습이 인기를 끌었다. 특히 코로나19 시기에 비대면 교육이 확산되면서 윤선생, 구몬학습 등 방문 학습지가 일시적으로 강세를 보였다. 또 인공지능을 활용한 맞춤형 학습, 온라인 학습 플랫폼 등 비대면 교육이 활성화됐다.

김병진 이투스교육 입시연구소장은 "영어학원의 경우, 이 밖에도 공인어학시험 성적 생기부 기재 금지 등 입시제도에 따라 학원 수업 방식이 계속해서 바뀌어왔다"고 분석했다.

국어, 비인기 과목에서 전 과목의 근간으로

국어학원은 수학학원이나 영어학원에 비해 비교적 주목을 덜 받았다. 1990년대에도 한우리독서논술(1990년 설립) 등 독서와 글쓰기 관련 학원이 있었지만, 큰 인기를 끌지는 못했다. 국어학원이 빛을 발하기 시작한 것은 2000년대부터다. 글쓰기, 논술, 독서 토론 등을 중점으로 한 학원들이 생겨났고, 특히 입시 논술을 대비해주는 학원들이 인기를 얻기 시작했다.

2010년대부터는 국어 능력이 다른 과목 성적에도 지대한 영향을 미친다는 믿음이 학부모들 사이에서 형성됐다. 최근에는 문해력에 대한 초등학생 부모들의 관심도 부쩍 커졌다. 교육부가 2028 대입 개편안에서 논술형·서술형 평가를 확대하겠다고 발표하면서다. 중학생, 고등학생보다 시간적으로 더 여유 있는 초등학생 시기에 다양한 책을 접하게 하고, 글쓰기 능력을 키워주려는 학부모가 많다.

최근 초등학교 저학년 학부모들 사이에서는 지혜의숲이 인기다. 가정적이고 따뜻한 분위기 때문이다. 딱딱한 수업뿐만 아니라 체험 수업을 제공하고, 친구들끼리 칭찬 릴레이를 하는 시간도 가진다. 꼭 쓰고 공부하는 것뿐만 아니라 생각을 열어주는 논술을 표방한다.

학원다운 면학 분위기를 찾는 부모들에게는 C&A논술이 인기가 많다. 글쓰기에 초점을 맞춘 것이 특징이다. 원고지에 생각을 정리하는 방법부터 시작해 글의 체계를 배운다. 매주 권장도서를 읽고 생각해온 뒤 원고지에 글을 쓰는 수업을 진행한다.

초등학교 1학년부터 중학교 3학년까지가 다니는 논술화랑은 토론 수업으로 유명하다. 대기가 길어 초등학교 저학년 때 대기를 걸면 최소 반년이 지나야 입학 테스트를 받으러 오라는 연락이 올 정도로 인기가 높다. 초등학교 1~2학년 때는 논술화랑으로 운영하다가, 초등학교 3~5학년이 되면 역사화랑으로 전환해 사회문화 서적으로 수업을 진행한다. 초등학교 6학년부터는 수능 위주 수업을 한다.

초등학교 고학년 학생들 사이에서는 기파랑문해원이 인기가 많다. 이곳은 학년이 아닌 실력으로 반을 배정한다. 재미보다는 실제 실력을 끌어올리는 데 초점을 맞춘다. 초등학교 졸업 전에 수능 언어 영역 3등급 수준 이상을 완성시키는 것이 목표다. 시험이 많은 편이고, 수업을 따라가지 못하면 진급 시험에서 레벨이 강등되기도 한다.

4
성공하는
중등 학원의 공통점

드라마 속 살벌한 학원가가 바로 우리 이야기

대치동에서 만난 한 학원 입시전략소장은 "tvN 드라마 〈졸업〉 속 살벌한 학원가의 모습이 여기서는 결코 과장이 아니"라며 입을 열었다.

"학원마다 살아남기 위해 쉴 틈 없이 경쟁하는 곳이 대치동이에요. 여기서 한번 이름을 알리면 경기도 분당, 평촌 학원가에 진출하는 건 따놓은 당상이죠. 학령인구가 줄어들어 경쟁은 더욱 치열해지고 있습니다."

그런 대치동에서도 요즘 가장 경쟁이 치열한 곳이 바로 중학생 대상 학원들이다. 2028 대입 개편안이 중학교 3학년 학생들부터 적용되기 때문이다(2024년 기준).

중등 학원은 스타 강사의 데뷔 무대

요즘 대치동 중등 학원들 사이에서는 "삼박자를 고루 갖춰야 성공할 수 있다"는 이야기가 나온다. 여기서 삼박자란 스타 강사, 참신한 콘텐츠, 똑똑한 학생이다. 실제로 대치동 학원의 젊은 스타 강사들 중에는 유명 중등 학원에서 강사 경력을 시작한 사람이 많다.

요즘 대치동 학원 원장들이 눈에 불을 켜고 찾는 강사는 교사 출신 강사다. EBS 수능 강사로 출연하는 학교 선생에게 러브콜을 보내는 일이 비일비재하다. 결국 시험 문제는 학교 선생들이 출제한다는 점을 감안하면, 공교육 생태계를 경험해본 선생이 사교육 시장에서도 활약할 공산이 크다고 판단해서다. 실제로 한티역, 대치역 주변 학원가를 둘러보면 '전 휘문고 교사', '전 세화여중 교사' 같은 홍보 문구를 적어 넣은 광고판을 쉽게 발견할 수 있다.

학원 원장은 보통 시범 강의로 강사를 발탁한다. 더 우수한 강사를 확보하기 위해 계약 체계를 손보기도 한다. 대치동에서는 비율제로 강사의 임금을 책정하는 경우가 많다. 학원과 강사가 학생 수에 따라 발생한 매출을 나눠 갖는 식이다. 대체로 강사와 학원이 5 대 5로 시작해, 강사의 능력에 따라 6 대 4, 7 대 3까지 비율을 조정한다. 여러 학원에 출강하는 스타 강사는 8 대 2로 계약하는 경우도 있다.

레테가 어려워지는 진짜 이유

대치동에서 성공하는 학원의 두 번째 특징은 레테, 즉 레벨테스트 경쟁력이다. 전국 단위의 연합학력평가를 치르지 않는 중학생에게는 학원 레테가 실력을 평가할 수 있는 거의 유일한 가늠자다.

요즘 대치동 학원들은 유행처럼 입학시험 혹은 반 재배정 시험을 매우 어렵게 출제한다. 이유는 단순하다. 똑똑한 아이를 다른 학원보다 먼저 알아보고, 데려오기 위해서다. 학원 원장의 입꼬리를 올라가게 하는 소문 중 "○○중 전교 1등이 이 학원 다닌다며?"를 능가하는 것은 없다.

중등 사교육 시장에서 대세가 된 '선행 n회 반복' 역시 어려운 레테를 통과한 우수한 학생만이 따라갈 수 있다. 레테가 어려우면 학

대치동 이야기

생이 학원에 갖는 자부심도 커진다.

이 영향으로 지금 대치동에서는 레테가 어려운 학원들을 선호하는 분위기가 있다. 영어는 DYB최선어학원, 삼보어학원, 선경어학원, KNS어학원, 함영원입시전문학원 등이 유명하다. 이들은 문법 수업에 주력하는 경향이 짙다. 수학은 생각하는황소, 깊은생각, 원수학, 이든수학, 생각하는수학(생수), 돌파수학의 레테가 어렵다. 국어는 지니국어논술학원, 안보라국어학원 등이 유명하다. 레테는 따로 없지만, 원장이 세화고등학교와 세화여자중학교 국어 교사 출신으로 알려진 산김영준국어논술전문학원도 잘 알려져 있다.

대치동에 중3은 없다

중등 사교육 시장은 고등학교에 비해 학원 산업을 주도한다는 느낌은 덜하다. 발등에 불이 떨어진 고등학생보다 중학생이 비교적 여유 있는 것은 사실이기 때문이다.

최종 목표는 SKY에 가는 것이지, 명문 고등학교에 진학하는 것이 아니다. 대치동에는 특목고, 자사고보다 서울대를 더 많이 보내는 일반고도 있기에 유명 중등 학원에 목을 매지는 않는다.

대신 수능의 밑거름을 일찌감치 만들어주기 위해 노력한다. 대치동 학원가가 전략적으로 '중등'이라는 말을 버리는 이유가 여기에 있다. 대치동 학원들은 '중3'이라는 단어보다 '예비 고1'이라는 단어를 선호한다. 곧 고등학생이 되니 진짜로 공부해야 한다는 경고 메시지를 '예비'라는 말 한마디로 쉽게 전달할 수 있다.

.

콘텐츠가 곧 학원 경쟁력

끝으로 정보 경쟁력이 있다. 현재 중학생들은 2028 대입 개편안에 따라, 지금과는 다른 입학전형을 경험할 것이다. 이에 따라 대치동 중등 학원들은 입시 전략가, 입시 분석가를 따로 고용해 새로운 대입 개편안을 다각도로 분석하고 한다. 그리고 입시설명회를 주기적으로 열어, 전문가가 분석한 내용을 학부모들에게 알리고 눈도장을 받는다.

앞서 소개한 15년 차 대치동 국어 강사 강동훈 씨는 "요즘에는 특정 과목만 잘 가르쳐서는 대치동에서 살아남기 힘들다"며 "바뀌는 입시제도를 꼼꼼히 숙지하고, 나름대로 해석해서 전략까지 짤 수 있어야 한다"고 귀띔했다.

　　　　　　　　　　　　　　대치동 이야기

대치동에서 유명한 중등 학원들이 쓰는 교재는 대부분 자체적으로 제작한 교재다. 여기에는 강사가 직접 만든 문제, 시중의 문제집을 전부 풀어보고 엄선한 편집본, 대치중학교, 대청중학교, 단대부속중학교 등 대치동 일대 명문 중학교들의 기출 문제를 분석한 응용 문제가 담겨 있다. 학부모들은 여기에 혹한다. 이 학원에 다니지 않으면, 성공 노하우가 오롯이 담긴 자체 교재를 영영 보지 못할 것만 같아서다.

동시에 학원 경영실에서는 방학 특강 시간표를 짜고, 중간고사, 기말고사 내신을 대비하기 위해 한시적으로 반을 재배정한다. 시험 기간이 되면, 학원은 학생들보다 더 자주 학교 기출 문제를 들여다보고, 응용 문제를 연구한다. 이 과정을 누가 더 빨리, 정확하게 해내느냐에 학원의 존폐가 달려 있다.

5

연 매출 3,600억 학원의
충격적인 상황

어디보다 치열한 경쟁이 벌어지는 곳

대치동 학원가의 최종 목표는 대학입시다. 결국 대치동 학원가를 찾는 모든 학생의 목표는 명문대 입학이기 때문이다. 그만큼 대입 학원은 대치동에서도 가장 중요한 곳이 아닐 수 없다.

그 중요성만큼이나 학원 간 경쟁도 치열하다. 지금 학생들이 기억하는 대치동 학원과 부모 세대가 기억하는 학원이 대부분 다르다. 정권별로 대입제도가 무수히 뒤바뀐 만큼 학원들도 시대에 따라 명멸해갔다. 긴 시간 변하지 않는 것이 하나 있다면 왕좌는 영원하지 않고, 그 자리를 차지하려면 치열한 경쟁에서 승리해야 한다는 점이다.

학원이 노량진으로 간 이유는

대입 학원의 중심이 처음부터 대치동이었던 것은 아니다. 모든 것의 중심이 종로였던 1960년대에는 대입 학원의 메카 역시 종로였다. 인사동의 종로학원, 정일학원, 수렴동의 대성학원 등 유명 대입 학원은 모두 종로에 있었다. 중학교, 고등학교 입시가 순서대로 폐지되고, 야간자율학습이 강제화되면서 재학생 학원들은 타격을 입었지만, 재수종합반 중심의 세 학원은 전성기를 맞았다.

1970년대 후반, 학원 시장은 다시 한 번 격동기를 겪었다. 정부가 1977년 서울 확장에 따른 인구 재배치 계획을 세우면서 서울 도심에 있는 학원들을 분산시키는 도심 학원 이전 계획을 발표했기 때문이다. 서울 도심에 있던 학원들을 사대문 외곽 지역으로는 1978년 9월, 강남 지역으로는 1979년 2월까지 이전시키는 계획이었다. 이에 따라 종로에 자리 잡고 있던 주요 학원들은 모두 사대문 밖으로 나가야 했다.

서울역사박물관에 따르면, 1978년 3월 당시 도심에 있던 13개 학원이 용산, 마포, 서대문, 관악, 동대문 지역으로 이전했다. 경기학원은 용산, 경북제일학원은 도화동, 청운YMCA학원은 천연동, 정일은석학원은 후암동, 대일경일학원은 용산, 삼성학원은 동대문, 종로학원은 중림동으로 옮기는 식이었다.

이 중 대성학원과 성지상아탑학원이 노량진으로 자리를 옮기며 대입 학원은 노량진 시대를 맞았다. 노량진 시대를 이끌었던 학원 역시 재수학원이었다. 1980년 7·30 교육개혁 조치 때문이다. 7·30 교육개혁 조치는 본고사 폐지, 과외 금지로 잘 알려져 있지만, 이때 재학생의 학원 수강도 금지됐다. 그나마 정부가 허용해준 곳이 바로 갈 데 없는 재수생을 위한 학원이었다. 그 결과, 당시 노량진에 있

정부의 주요 교육정책 및 사교육 시장 변화	
1977년	사대문 안 학원, 외곽 및 강남으로 이전 조치
1980년	7·30 교육개혁 조치
1992년	서울에서 학기 중 재학생 학원 수강 허용
1994년	대학수학능력시험 도입
1997년	학생종합기록부로 내신 평가
2000년	과외 전면 허용(헌법재판소 위헌 판결), 메가스터디 설립
2002년	대입 종합사정 방식 도입
2008년	입학사정관제 도입
2010년	자율형 사립고 도입
2016년	시대인재 설립

던 한샘학원, 정진학원, 대성학원 등과 중림동의 종로학원이 재수생 종합반을 운영하며 대입 학원 시장을 이끌었다.

인강과 일타강사의 등장

대치동이 주목받기 시작한 것은 1990년대 들어서다. 정부가 강북의 인구를 강남으로 분산시키기 위해 주요 명문 고등학교를 이전시키면서 교육열이 높은 학부모들이 대치동을 찾기 시작했다. 여기에 1989년 방학 중 중고등학생의 학원 수강을, 1992년 재학생들의 학원 수강을 전면 허용하며 사교육에 대한 관심이 커졌다. 특히 2000년 헌법재판소가 과외를 금지한 법이 위헌이라고 결정하면서, 사교육은 다시 도약의 기회를 찾았다.

1994년 대학수학능력시험 도입도 사교육 팽창의 원인이 됐다. 새로운 대입제도가 시작되자, 정보가 필요했던 학생들이 사교육에 의존하게 된 것이다. 1990년대 은마아파트 사거리 부근으로 대일학원 등 여러 대형 학원이 신설, 이전하며 학원가를 형성하기 시작했다. 대형 학원들의 수강생도 재수생에서 재학생으로 바뀌기 시작했다.

대입 시장은 2000년 메가스터디의 설립으로 또 한 번 큰 변화를 겪었다. 온라인으로 전국의 학생들에게 강의하는 시대가 열린 것이다. 동시에 일타강사 시대도 본격적으로 시작됐다. 물론 그 전에도 한샘학원을 설립한 서한샘, 메가스터디 설립자이기도 한 손주은 등 소위 일타강사가 있었지만, 전국적으로 명성을 얻고 엄청난 연봉을 자랑하는 일타강사는 메가스터디가 생기면서 등장하기 시작했다.

대중적인 입시설명회를 처음 연 곳도 메가스터디다. 기존에는 학원에 다니는 일부 학부모들만 접할 수 있었던 다양한 입시 정보를 여러 학부모에게 공개하기 시작한 것이다. 이에 따라 기존 학원들도 온라인 강의를 강화하고, 입시설명회를 열기 시작했다.

2010년대 대입 시장에서 두각을 나타낸 곳은 미래탐구다. 수학 일타강사로 유명한 현우진이 강사 생활을 시작한 곳이기도 하다. 대입 단과 시장에서 독보적인 1등 학원이었다. 이후 세정학원, 명인학원 등도 단과학원으로 큰 명성을 얻었다. 하지만 대부분은 지금까지 명맥을 유지하지 못하고 있다. 학원 시스템보다는 일타강사의 유명세에 따라 유지되는 인기였기 때문이다. 강사 한 명이 빠지면 그만큼 수강생이 빠졌고, 강사 인기가 떨어지면 학원이 타격을 받았다. 매우 영세한 운영 방식이었다.

시대인재의 등장은 대치동에 파란을 일으켰다. 2016년 설립된 시대인재는 과학탐구가 강한 학원으로 확실한 포지셔닝을 했다. 과학탐구는 의대에 가려는 이과 상위권 학생들에게 필수적인 영역이다. 이과 상위권 학생들이 시대인재로 몰렸고, 이곳에서 배출한 의대 합격자 수도 늘어났다. 의대 합격자가 많다는 결과는 또다시 학원 수강생 증가로 이어졌다. 시대인재가 빠르게 성장하는 데 대응해 대성학원도 재학생을 타깃으로 하는 단과학원 두각을 설립하기도 했다.

지금 대입 시장은 시대인재와 메가스터디가 양분하고 있다고 해도 과언이 아니다. 온라인 강의 시대를 연 메가스터디는 오프라인으로 그 영역을 확장하는 한편 초등학교, 중학교 등으로 시장도 넓히고 있다.

학령인구 감소에 더욱 치열해진 경쟁

지금 명성을 누리고 있는 학원들이 앞으로도 왕좌를 유지할 수 있을지는 단언할 수 없다. 대치동에서는 단 5년 뒤도 알 수 없다고 사교육 업체들은 말한다. 빠르게 성장하고, 시장을 평정한 듯 보였다가도 금세 사라질 수 있는 곳이 대치동이기 때문이다.

학령인구가 급격히 줄어드는 가운데 학원 간 경쟁은 나날이 치열해지고 있다. 2024학년도 수능 응시생은 40만 명 수준이었다. 20년 전인 2004학년도 67만 명에서 빠르게 줄고 있다. 앞으로 10년간은 40만 명 수준이 유지되겠지만, 이후에는 출생아 수를 반영할 때 20만~30만 명대로 떨어질 것이다. 학원을 찾는 절대적인 학생 수가 줄어들 수밖에 없는 상황이다.

대치동에서 잘나가는 학원들이 허울만 좋다는 분석도 나온다. 지금 큰 관심을 받는 시대인재도 마찬가지다. 시대인재의 2023년 매출은 3,605억 원, 영업이익은 288억 원이다. 영업이익률이 8% 남짓이다. 2022년보다 매출(2,747억 원)은 900억 원 가까이 늘었지만, 영업이익은 269억 원에서 19억 원 증가하는 데 그쳤다.

지출을 보면 강사료, 급여, 퇴직급여, 복리후생비 등 인건비 관련 항목이 1,763억 원에 달한다. 매출의 절반 가까이가 인건비로 나간 셈이다. 그중에서도 강사료가 1,365억 원인데 한 해 전인 2022년보다도 300억 원 가까이 늘어난 금액이다. 인건비, 건물 임대료 등을 내고 나면 수중에 남는 돈은 별로 없다는 의미로, 기반이 매우 취약한 셈이다.

그런데도 대치동 중심의 학원 문화가 바뀌기는 어려울 것이란 전망도 나온다. 대치동에 학원이 있느냐 없느냐가 다른 지역으로 진출할 때 간판이 돼주기 때문이다. 한 학원 관계자는 "대치동 선생님이 온다는 광고를 하기 위해 대치동에 학원을 유지해야 한다는 말이 있다"며 "결국 돈은 분원에서 벌지만, 대치동 학원을 포기할 수 없는 이유"라고 말했다.

임성호 종로학원 대표 미니 인터뷰

Q. 앞으로 대치동 대입 시장은 어떻게 전망하나.

A. 쉽지 않다. 학령인구가 빠르게 감소하고 있는 데다 사교육에 대한 강력한 정부 정책이 잇따르며 시장 참여자들이 어려움을 겪는 분위기다.

Q. 종로학원처럼 유명한 학원도 생존 위기를 느끼나.

A. 그렇다. 1965년 세워진 종로학원도 지금의 학령인구 감소는 위협적으로 느껴진다. 현재 학령인구가 40만 명 수준인데, 앞으로 10년 뒤에는 20만~30만 명 수준으로 떨어진다. SKY, 의치한약수의 정원을 모두 합하면 2만 명 정도다. 대학가가 모집 정원을 줄이지 않는 이상 전체 학생의 10%가 입학할 수 있는 격이다. 그렇다면 지금보다 경쟁이 덜 치열할 것이고, 사교육을 찾는 숫자도 줄 것으로 전망한다.

Q. 학원 운영 방식도 달라져야 할 것 같은데.

A. 과거에는 유명 강사 수업을 듣기 위해 인터넷 강의를 듣거나 지방에서 대치동으로 상경했다면, 이제는 대치동 강사들이 학생을 찾아 지방으로 내려가는 '출강'이 생길 것이다. 유명 인강 강사의 대형 현장 강의와 같은 집합 교육 자체가 더 이상 통하지 않는다는 뜻이다. 교육 방식이 초개인화 되면서 점차 대치동 학원가도 맞춤형 케어 형식의 일대일 트레이닝과 컨설팅 분야로 진화할 것이다.

Q. 경영자로서는 신규 고객 발굴도 운영 전략 못지않게 중요하지 않나.

A. 그렇다. 실제로 종로학원이 현재 가장 공들이는 영역이 초등·중학생 대상 사업이다. 재수생은 계속해서 줄고 있기 때문이다.

Q. 2028학년도부터는 대입이 또 한번 달라진다.

A. 2028학년도부터 문과와 이과가 사실상 통합되는 수능으로 지금과 완전히 달라진다. 기존 패러다임이 의미 없어지는 것이다. 지금의 수능 체제는 이제 2년만 남았다. 기존 제도에 추가적인 투자를 하기 어렵다. 이 시기 학원 간 인수합병(M&A)도 활발해질 것으로 보인다. 지금도 알게 모르게 물밑에서 결합 관련 논의가 많이 오가고 있다. 지금은 전략보다는 구조 자체를 바꿔야 하는 상황이다.

6

대치동
미술학원가는 전쟁터

막대기 하나로 인생이 갈린다

대치동은 문·이과생들을 위한 학원만 경쟁이 치열한 것이 아니다. 메이저 미대가 있는 서울대학교, 홍익대학교, 국민대학교, 이화여자대학교, 고려대학교 합격 보장을 내세운 미술학원 수십 곳의 전쟁터이기도 하다. 학원들은 저마다 입구에 수많은 합격자를 배출했다는 홍보 문구를 크게 걸어놓는가 하면, 전문 강사진들이 그린 그림들을 내세우며 실력을 뽐낸다.

미대 실기시험은 운이 따라야 한다. 2015년 유튜브에 올라온 〈미대 입시 미술 채점장 공개〉 영상이 약 520만 회라는 조회 수를 기록하며 화제가 된 적이 있다. 영상에는 입시 미술 채점관들이 체육관에 깔린 그림 수천 장 사이를 돌아다니며, 막대기 하나로 합격과 불합격을 나누는 모습이 담겨 있었다. 학원 관계자들이 "몇 년간의 고생이 단 한 장으로 결정된다"며 학생들의 실기 준비에 공을 들이는 이유가 바로 여기에 있다.

미술학원 경쟁, 이 정도였나

대치동 미술학원 대부분은 주요 입시 학원이 대거 몰려 있는 한티역과 대치동 은마사거리에서 다소 떨어진 선릉역에 인접해 있다. 이들 학원은 실기시험을 보지 않는 홍대 미대를 제외하고 서울대·국민대반, 이대·고대반 등 실기시험전형이 비슷한 대학들로 반을 나눠 가르친다. 유명 브랜드 학원들의 평균 수업 인원은 25~30명. 5~10명 내외의 소수 정예를 내세우며 학원비를 평균치에서 2배가량 높인 곳들도 있다.

이 대치동 미술학원의 공통된 타깃은 일반고등학교 학생이다. 예술중학교를 나와 예술고등학교를 다니는 학생들은 굳이 대치동 미술학원에 와서 수업을 듣지 않는다. 전문 화실에서 레슨을 받고, 소규모 그룹 과외를 하는 경우가 대부분이다.

반면 일반고등학교를 다니는 학생들은 학원에 의존할 수밖에 없다. 학원들은 이런 수요를 반영해 상담부터 입학설명회, 성적 관리, 실기시험 준비를 종합적으로 지원하는 맞춤형 커리큘럼을 제공한다.

수년 전, 대치동 미술학원 시장에서는 창조의아침미술학원, C&C미술학원, 천년의미소미술학원 등 브랜드 미술학원들이 잘나 갔다. 역사가 가장 오래된 창조의아침미술학원은 1987년 개원해 노 량진, 홍대 등 70여 개 캠퍼스로 확장했다. 이 학원은 "입시 미술 전 문 학원답게 오랫동안 노하우를 쌓아 자료도 상당히 많은 편"이라 고 자신한다. 학생들에게 계속해서 사고력과 창의성을 길러주는 토 론 수업 또한 운영한다는 점도 내세운다.

2003년에는 C&C미술학원이 대치동에 터를 잡으며 창조의아침 미술학원과 경쟁 구도를 이뤘다. 이 학원은 "학생들이 등록 초기 부터 입시 경험이 풍부한 강사들로부터 집중적으로 교육을 받는 것은 물론이고 기초 개념 교육, 흥미 유발 수업, 다양한 매체를 통 한 멀티 교육 프로그램을 수강하게 된다"고 소개한다. 이곳은 현재 119개 캠퍼스를 보유하는 등 공격적인 외형 확장에 나서고 있나.

2000년대 후반 들어서는 서울대 준비반에 특화한 학원으로 이름을 알린 리온미술학원이 신흥 강자로 떠올랐다. 이곳은 서울대, 홍대, 이대 등 최상위권 미대를 졸업하거나 유학을 다녀온 전문 강사진의 강의, 서울대를 졸업하고 대기업 디자이너로 일한 경력이 있는 원장 직강으로 입소문이 나 인기를 끌었다.

2010년대 후반부터는 이화여대와 고려대 합격자를 다수 배출한 소묘 전문 학원인 G1미술학원(현 이젠미술학원)이 뜨기 시작하며 기존 대형 브랜드 학원에 다니던 학생들을 끌어모았다.

2015년경 대표 원장 2명이 직강을 하던 어느 유명 학원의 경우, 원장 간 대립으로 학원이 쪼개지기도 했다. 자연히 학원끼리 유명 학생을 차지하기 위한 경쟁 구도가 만들어졌다. 당시 학생들은 본인과 수업 스타일이 잘 맞았던 원장을 따라갔다. 이외에도 대형 브랜드 학원에서 빠져나온 강사진들이 따로 학원을 차리고, 해당 학원의 전략을 모방해 타 지역에 개원하는 경우도 생겨났다.

돋보여야 살아남는 학원들

요즘 미대 입시는 과거와 조금 다르다. 서울대, 홍대, 이대 등 최상위권 대학이 실기 비중을 줄이고 성적과 수시 비중을 높이는 등 입시제도가 바뀐 탓이다. 그 여파로 갈팡질팡하다가 문을 닫는 학원도 생기고 있다. 대치동에서 미술학원 강사로 일했던 A 씨는 "옛날에는 소묘, 석고, 수채화 등에 최적화한 대형 학원을 선택하는 경우가 많았으나 이젠 달라졌다"며 "어느 학원이 제일 잘나간다는 이야기가 딱히 없고, 학생 수요도 분산됐다"고 말했다.

이렇다 보니 학원별로 합격자 명단을 내세우며 학생과 부모의 시선을 끄는 전략을 취하는 것은 필수가 됐다. '○○대 지원자 대비 합격률 73%', '서울, 수도권 주요 미대 합격 결과' 등 문구를 적고 홍보하는 식이다. 반 이름을 건대·숙대 집중반 등으로 짓고, 특정 대학 합격을 보장한다고 내세우기도 한다. 이들 학원은 학생이 실제 대학 실기시험에서 그린 그림을 다시 그린 재현작 전시에 집중한다. 해당 학원에서 어떻게 배우고 어떤 식으로 그렸길래 합격했느냐를 증명하는 수단이 되기 때문이다.

과거에 비해 입지가 줄어든 학원의 경우, 예술중학교나 예술고등학교 입시반을 신설하는 전략을 택한다. 비교적 이름을 알리지 못한 학원 중에는 재수생 장학 혜택을 앞세우거나, 여름방학 시즌을 맞아 '예비 고3을 위한 디자인 미대 여름 특강'을 홍보하기도 한다. 한 학원은 문 앞에 "어느 학원에서도 하지 않는 교육 방식으로 학생들의 능력을 한계치 이상으로 끌어올릴 것"이라고 홍보했다.

미술학원만 경쟁하는 것은 아니다. 미대 전문 재수 종합학원도 있다. 이들 학원은 일반 재수학원들과 달리 공부와 실기 준비를 병행해야 하는 미대 준비생들에게 특화돼 있다. 예섬예체능재수학원, 대치이든학원(전 탑베리타스), 상상미학학원 등이 대표적이다. 이들은 유명 대입 학원 강사 직강으로 경쟁한다. 한쪽이 대성마이맥 출신 수학·사회 탐구 강사가 수업을 진행하면, 이에 질세라 다른 학원이 시대인재 국어·영어 강사를 영입하는 식이다.

이신 미대 입시 컨설턴트 미니 인터뷰

Q. 미대 입시 전형이 어떻게 변화하고 있고, 학원가는 어떻게 대응하고 있나.

A. 최상위권 미대를 중심으로 그림 실력보다 성적을 우선하는 경향이 짙어지고 있다. 미술 학원가도 그동안 실기만을 강조했다면 이제는 비실기전형과 같이 학생들의 다양한 수요를 잡기 위한 전략을 모색하는 상황이다.

Q. 과거에는 대학별 실기대회나 교수 평가도 중요하지 않았나.

A. 대학에서 정기적으로 주관하는 실기대회 수상 인원을 홍보 수단으로 내세우는 학원들이 아직도 더러 있다. 하지만 막상 실제 대학에 지원할 때 수상 실적에 대한 혜택을 주는 곳은 국민대, 상명대 정도다. 합격을 보장해줄 수 있는 요

소가 아님에도 아직 학원별 실기시험 수상 이력을 보고 학생과 학부모가 불나방처럼 몰려드는 경우가 있다. 하지만 이제는 수능 성적이 기준에 못 미치면 수상 실적은 아무 소용없는 상황이다.

교수 평가도 없어졌다. 과거 유명 미대 교수들이 학원에 방문해 학생들이 그린 그림 중 우수한 작품을 골라내고 총평을 해주는 자리였다. 입시 실기시험에 대한 '고급 정보'를 주는 행사로 여겨졌다. 그런데 한번 문제가 된 이후로 지금은 교수들이 학원에 와서 공식적으로 평가하는 자리가 없어지고 미술학원 연합회에서 교수를 초빙해 치르는 시험으로 바뀌었다. 많은 수의 학생을 소수의 교수가 비공개로 평가하는 식이라 큰 의미는 없다.

Q. 비실기전형이 늘었는데도 학원가가 실기 전형을 강조하는 이유는 뭔가.

A. 그림을 배우러 오는 학생이 많을수록 수익성이 높아지기 때문이다. 현 입시제도에서는 비실기전형이 더 유리한 학생의 경우 미술학원에 다니지 않아도 되는데 학원 입장에서 이 사실을 밝히기는 쉽지 않을 것이다.

Q. 미대 준비생이 학원을 고를 때 삼아야 할 기준이 있다면.

A. 합격자 배출 명단이나 실기대회 수상 인원 등을 강조한 홍보 문구에 휘둘리지 말고 학생 각자의 성적과 상황을 냉정하게 고려해야 한다. 일반고에 다니는 학생이라면 입시 정보를 미술학원에 전적으로 의지하게 된다. 이때 책임감을 갖고 생활기록부, 면접 관리 등 세분된 일대일 코칭을 도맡아주는 학원을 찾는 것이 중요하다.

7

유학원의 메카, 압구정

강사 한 명 없어도 창업할 수 있는 유학원

"다른 학원들과 다르게 유학원 시장은 교육보다는 정보 싸움이 더 치열한 곳입니다. 가르치는 강사 한 명 없이 학원 중개만으로 롱런하는 곳도 많고요."

2000년대 초 조기유학 붐이 일어난 이후 20년이란 세월이 흐르는 동안, 업계에는 크고 작은 유학원이 생겼다가 사라졌다. 큰 유학원에 다니던 직원이 독립해 유학원을 열고, 그 유학원의 직원이 또 다른 유학원을 여는 일이 흔했다. 지금 역시 그때와 크게 다르지 않다.

강남에서 10년 이상 유학원을 운영해온 한 원장은 "유학 수요의 변화에 따라서 학원 수가 늘었다 줄었다 하지만, 유학원 생태계가 특별히 변하지는 않았다"며 "교육 쪽 경험이 없어도 신고만 하면 유학원을 세울 수 있어 지금도 신생 유학원들이 계속 생겨나고 있다"고 말했다.

강남에서 압구정으로

2000년대 초는 조기유학 1세대가 탄생한 시기다. 유학을 떠나는 자녀를 돌보기 위해 엄마들까지 따라나서면서 기러기 아빠라는 말도 등장했다. 교육부 통계에 따르면, 2006년에만 초·중·고 학생 2만 9,511명이 유학을 이유로 학교를 그만뒀다.

당시에 유학이 높은 인기를 얻었던 이유 중에는 국내 대학의 재외국민 특별전형도 한몫했다. 이 입시전형은 박정희 대통령 재임 시절 생겼다. 대학들이 점차 이 특별전형의 모집 인원을 늘리면서 국내 대학을 노리는 학생들이 전략적으로 해외로 가는 사례들이 생겨났다.

2010년대 초반이 되자, 많은 조기유학생들이 국내가 아닌 국외 대학으로의 진학에 나섰다. 이들의 특징은 초등학교, 중학교 때는 외국 생활을 하다 대입을 앞둔 고등학교 때 다시 한국으로 들어와 입시를 준비했다는 것이다.

이 '리터니'들을 대상으로 한 사교육 시장이 커진 것이 바로 이때다. 대치동을 중심으로 SAT, AP 시험을 대비시켜주는 학원이 성행했고, 유학원들은 활발히 국내 학원을 중개했다.

이 시기, 유명 유학원은 대부분 강남역 인근에 있었다. 문을 연지 40년을 훌쩍 넘은 종로유학원도, 30년 가까이 된 EDM유학센터도 모두 강남에 본사가 있다. 지금은 압구정이 유학원의 메카로 떠올랐다. 한 유학원 대표는 "조기유학 비용이 여전히 높아 유학원이 기존 고소득 동네였던 강남에서 최근 고소득 동네인 압구정으로 옮겨 갔다"고 설명했다.

여전히 매력적인 선택지

2000년대에는 무더기로 해외 유학을 떠났다면, 2010년대부터는 분위기가 달라졌다. 해외 대학 출신들의 국내 생활 부적응이나 취직 실패 사례가 알려지면서다. 마이클쳐 힙스유학원 원장은 "과거 해외 유학생이 귀했던 때는 입사 시 높은 직함을 주는 등 특혜가 많았다"며 "하지만 점차 유학생과 국내 대학생이 취업 시장에서 같은 대우를 받기 시작했고, 나아가 유학생을 선호하지 않는 기업들도 생겨났다"고 설명했다.

최근에는 유학을 대체할 수 있는 다양한 수단이 생긴 것도 유학 시장 분위기를 바꾸는 계기가 됐다. 국제고등학교, 외국어고등학교 등 다양한 공교육 수단이 생겨났고, 제주영어교육도시도 유학 효과를 누릴 수 있다는 점에서 각광을 받았다.

하지만 경제적으로 여유로운 최상위권 학생들 사이에서는 유학이 변함없이 매력적인 선택지라는 것이 업계의 설명이다. 이들은 여전히 해외 대학의 타이틀과 뛰어난 교육 자원을 누리고 싶어 한다는 이야기다. 한 유학원 관계자는 "이제는 미국에서도 최상위권 시장을 노려야 하는 때"라며 "중상위권 대학이 아닌 아이비리그 이상의 대학을 가기 위한 수요는 여전히 유효하다"고 설명했다.

이 최상위권 학생들의 니즈가 구체화되면서 유학원들도 쪼개지기 시작했다. 어떤 학원은 에세이를 잘 가르치고, 또 어떤 학원은 액티비티를 잘 컨설팅하는 식이다.

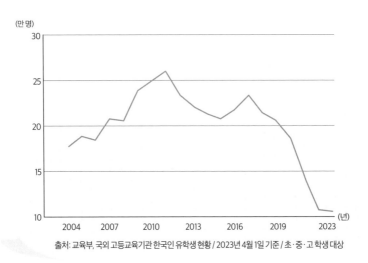

국외 한국인 유학생 수

(만 명)

출처: 교육부, 국외 고등교육기관 한국인 유학생 현황 / 2023년 4월 1일 기준 / 초·중·고학생 대상

좋은 유학원 찾는 법

유학 시장은 여전히 정보의 비대칭성이 두드러진다. 100% 사교육의 영역에서 경쟁이 벌어지는 만큼 많이 아는 학부모가 성공하는 등 정보 싸움의 장이 되기도 한다.

또 유학원은 특별한 자격 조건 없이 신고만 하면 설립할 수 있다는 특징도 있다. 그래서 앞서 설명한 것처럼, 대형 유학원에서 일을 배운 뒤 독립해 유학원을 개원하는 경우도 많다.

업계 관계자들은 대형 유학원이라고 해서 상담의 질이 보장이 되는 것은 아니라고 입을 모은다. 장기간 트레이닝으로 실력을 갖춘 인력이 빠져나간 자리에 경력이 없는 컨설턴트가 들어오기도 하기 때문이다. 한 유학원 대표는 "지금도 학생에 대한 별다른 고민 없이 그저 커미션만 많이 받기 위해 질이 떨어지는 보딩스쿨, 홈스테이와 연결하는 학원들이 많다"고 말했다.

전문가들은 유학원에 모든 것을 믿고 맡기기보다는 학부모가 스스로 현지 보딩스쿨 등에 대해 철저히 공부해야 한다고 조언한다. 김종애 세계로유학원 원장은 "유학원은 옥석을 가리기가 쉽지 않은 데다 컨설팅 비용이 천차만별"이라며 "특히 '잘 알려지지 않았고 우리만 알고 있다'는 이야기에 혹해 엉뚱한 선택을 할 수도 있다"고 우려했다. 이어 "주변 성공 사례를 많이 모으고, 학부모가 직접 정보에 접근하려고 시도하는 것을 추천한다"고 조언했다.

자녀의 학업 능력뿐만 아니라 영어 능력도 미리 갖춰야 실력에 맞는 진학을 할 수 있다고도 덧붙였다. 김 원장은 "아무리 성적이 좋아도 초등학교 고학년이 돼서 갑자기 보딩스쿨을 준비하는 것은 쉽지 않다"며 "영어유치원에 다닌 아이들이 유학길에 오르는 경우가 더 많다"고 설명했다.

3장

대치동
학군지 분석

1

대치동 학원가에는
누가 살까

대치동이라고 다 같지는 않다

대한민국 교육 1번지 대치동 교육의 일단을 들여다보겠다는 취지로 시작한 '대치동 이야기'. 이제까지 학생들의 일상, 학원가의 치열한 경쟁을 살펴봤다. 지금부터는 대치동이라는 동네 자체에 관한 이야기를 하려고 한다.

많은 학부모들이 입성을 꿈꾸지만, 대치동으로 통칭되는 이 일대 교육가의 스펙트럼이 폭넓다는 사실을 아는 사람은 의외로 많지 않은 듯하다. 수십 억에서 수백 억 자산가들이 몰려 사는 우·선·미(우성아파트, 선경아파트, 미도아파트) 같은 전통 부촌과 학원 강사나 지방 유학생이 월세살이를 하는 대치4동 일대에 이르기까지……

이 대치동 생활권은 어떠한지 자세히 들여다보고자 한다. 이곳으로의 입성을 꿈꾸는 예비 대치동 학부모들이 어렴풋하게나마 이 동네를 짐작해볼 수 있도록 초기 스케치를 제공하려는 목적에서다.

대치4동만의 특징

지하철 수인분당선 한티역에서 은마아파트 사거리로 이어지는 대치동 학원가. 대개가 대치4동인 이곳에는 사람들의 생각처럼 학원만 있는 것이 아니다. 사람들이 살아가는 삶의 공간이기도 하다.

특히 한티역에서 선릉역 방면에 있는 대치4동은 블록마다 분위기가 완전히 다르다. 대로변에는 대성학원에서 운영하는 두각 등 대형 학원이 있고, 한두 블록 뒤에는 스카이아카데미 등 소규모 학원들이 즐비하다.

삶의 공간은 이보다 한두 블록 더 뒤에 있다. 블록 안쪽을 걷다 보면 다세대주택과 빌라가 빼곡한 주택가가 나타난다. 이곳에는 가족 단위뿐 아니라 재수학원에 다니는 재수생, 방학 특강이나 주말 특강을 듣기 위해 올라온 지방 학생들, 대치동 학원에서 일하

대치동 학원가

는 강사 등 대치동이 삶의 터전인 사람들이 많이 산다. 대치동의 한 부동산 관계자는 "비율로 따지면 절반 이상이 학생들"이라고 말했다.

월세만 140만 원

대치동 학원가에서 사는 학생 중 가장 큰 비중을 차지하는 것은 재수생들이다. 답답한 기숙학원이 싫은 학생들이 시대인재, 종로학원, 대성학원 등을 다니면서 방은 대치동 빌라에 따로 얻는 것이다. 이들이 주로 사는 곳은 원룸이다. 대치동 원룸 시세는 보증금 2,000만 원에 월세 120만~140만 원 정도다. 2024년 6월 기준, 서울의 33제곱미터 이하 연립·다세대 원룸의 평균 월세가 보증금 1,000만 원에 70만 원인 것으로 고려하면 비싼 편이다.

이따금 100만 원 안쪽 월셋집도 나오긴 하지만, 그런 곳은 '빨간 벽돌'이라 불리는 구축이다. 한 부동산 관계자는 "길어야 1년 있는 집에 가구까지 사려는 학생은 없고, 대부분 풀옵션 집을 선호한다" 며 "특히 여유가 있는 집은 빨간 벽돌 집을 찾지 않는다"고 말했다.

조금 더 여유가 있는 학생들은 투룸을 구한다. 대치동 투룸 시세는 보증금 3,000만 원에 월세 250만~300만 원 정도다. 투룸은 부모님이 함께 와서 살거나, 친구 2명이 함께 사는 경우도 있다. 비싼데도 방을 구하기가 쉽지 않다. 대치동에서 방을 구하려면 11월 중순 이후에 와야 한다. 수능이 끝나고 재수생, 고3 등이 빠져나간 방이 그때 나오기 때문이다.

고등학교 재학생이 대치동에 사는 경우도 있다. 방학이 대목이다. 학원별로 이루어지는 방학 특강을 위해 대치동을 찾는다. 여름 방학 특강에 맞춰 방을 얻으려면 6월, 늦어도 7월 초에는 대치동을 찾아야 한다. 재학생이 1~2년 단위로 대치동에 방을 얻는 경우도 있다. 금, 토, 일요일에 하는 주말 수업을 듣기 위해서다. 대치동의 어느 부동산 관계자는 "주말 수업을 듣기 위해 대치동에 방을 얻어 놓는 지방 학생들도 있다"며 "방학 특강 때는 매일 있으니까 나은 데, 주중에 비워둘 때가 많아 좀 아깝기도 하다"고 말했다.

원룸 대신 학사도 인기

학사에 들어가는 학생도 많다. 학사는 원룸보다 작고 고시원과 비슷하지만 아침에 깨워주고, 저녁에는 방에 돌아왔는지도 확인해준다. 매일 밥을 주고, 빨래, 청소까지 해주는 것도 장점이다. 위치가 먼 학사는 주요 학원까지 오가는 셔틀버스도 운영한다.

이 때문에 가격이 원룸보다 비싼 경우가 많다. 저렴한 곳은 100만 원 초반대도 있지만, 신축에 서비스가 좋은 학사는 200만 원이 훌쩍 넘는다. 한 재수생 학부모는 "방이 조금 좁긴 하지만 어차피 밤 10시까지는 학원에 있기 때문에 큰 문제는 없을 것 같다"며 "가격도 기숙학원(월 400만 원 이상)과 비교하면 비슷한 수준"이라고 말했다.

외국인 원어민 강사

외국인 원어민 강사도 대치동 구성원 중 하나다. 학원이 가깝고 강남 등 서울의 주요 관광지와도 가까워 선호한다. 잘나가는 원어민 강사의 경우에는 학원에서 이들을 잡기 위해 방을 얻어주기도 한다. 월세를 지급하는 경우도 있고, 계약을 학원 이름으로 하고 강사에게 방을 제공하기도 한다. 재임대는 금지되지만 학원등록증, 강사의 재직증명서 등을 제출하면 방을 얻을 수 있다.

다만 원어민 강사는 집주인들이 선호하는 세입자는 아니다. 주말마다 파티를 즐기는 경우가 많아서 주변 입주민들과 갈등이 많이 생기기 때문이다. 한 부동산 관계자는 "원어민 강사는 다세대 빌라보다는 아파트형으로 사생활 보호 및 방음이 잘되는 집에 사는 경우가 많다"고 말했다.

대치동 월세 수익률 4% 중반

건물주 입장에서 학원가에 월세 건물을 갖고 있는 것은 나쁘지 않은 투자다. 이제 막 준공하고 분양을 시작한 빌라는 월세가 280만

~310만 원 정도다. 분양가가 7억~8억 원 정도인 것을 고려하면 투자수익률이 4% 중후반대에 달한다. 한 부동산 대표는 "대치동 빌라는 공실이 되는 경우가 거의 없다는 점이 제일 매력적"이라며 "부동산 가치도 꾸준히 오르기 때문에 시세 차익도 클 것"이라고 말했다.

학원가의 특징 중 하나는 월세가 1층보다 2층 이상이 더 비싸다는 것이다. 일반적으로는 건물 1층을 가장 선호하지만, 학원은 1층에 자리를 잡는 경우가 거의 없기 때문이다. 이 때문에 대치동 일대 1층 월세는 150만~180만 원 정도로 저렴한 편이다. 대신 2층 이상은 200만~400만 원 정도에서 시작해 큰길로 나갈수록 점점 비싸진다.

대치동 학원가에는 식당이 많이 없다는 것도 특징이다. 1층에서 음식 냄새가 나면 학원들이 입주하지 않기 때문이다. 그래서 1층에 입주할 수 있는 업종이 제한적이다. 꽃집, 부동산, 미용실 등 냄새가 나지 않고 깨끗한 업종을 선호한다.

최고급 빌라에서 대치동 학군·학원 누려

이 지역에 자취 인구만 사는 것은 아니다. 휘문고등학교 건너편

쪽 블록으로 넘어가면 고급 빌라도 많다. 그중에서도 초대형 평형 대인 한 빌라는 이부진 호텔신라 사장이 사는 것으로 유명하다. 이 사장은 아들이 고등학교에 입학하면서 대치동으로 이사를 왔다. 주요 재벌가 자녀들이 어린 시절부터 유학하는 것과 달리 이 사장의 아들은 이 일대에 있는 고등학교에서 친구들과 경쟁하고 교류하며 지낸다고 한다. 성적도 좋은 것으로 알려졌다.

이 사장이 선택한 빌라는 독립된 타운하우스가 단지를 이루고 있어 외부인의 출입이 완전히 제한된다. 단독 테라스 정원 등을 갖춘 집도 있다. 도곡초등학교, 대현초등학교, 휘문중학교, 휘문고등학교 등에 진학할 수 있어 학군도 좋다.

이 정도는 아니지만, 주변의 대치2동 주민센터 인근 대치르엘아파트도 명문 학교와 학원가를 가까이에서 오갈 수 있는, 이 일대에서 보기 드문 새 아파트다. 입주 3년 차인 대치르엘아파트의 84제곱미터형은 2024년 4월 실거래가 기준으로 27억 원이 넘는다. 네이버 부동산 기준으로 2024년 8월 매물 가격은 33억 원이다. 전세도 18억 원 정도는 줘야 한다.

2

대치동
'가성비' 아파트

자금 사정 여의치 않은 예비 대치맘의 선택

"올해로 여기 산 지 10년 됐어요. 대치 입성은 초3 되기 전에 하래서요. 첫째 10살 때 왔는데 지금 딱 고3이네요."

은마아파트에 전세로 10년째 거주하고 있는 40대 직장인 A 씨는 고3, 중2 자녀를 둔 워킹맘이다. A 씨처럼 자녀 교육 때문에 대치동 입성을 노리면서도 자금 사정이 여의치 않은 예비 대치맘들에게 은마아파트는 적극적으로 입주를 검토해볼 만한 곳이다.

대치동 메인 학원가와 휘문중학교, 휘문고등학교를 걸어서 갈 수 있다는 점은 누가 보더라도 최대 강점이다. 학생과 학부모 입장에서 봤을 때, 대치동과 개포동 일대에서 이 정도 입지적 장점을 갖춘 단지는 거의 없다.

다른 단지에 비해 상대적으로 싼 주거비도 장점이다. 1979년에 입주를 시작한 구축 단지로, 전체 가구 수가 4,424가구에 달해 전셋값이 싸다. 하지만 이는 양날의 검이기도 하다. 주차나 엘리베이터 이용 등은 젊은 부부 입장에서 상당히 불편하게 느껴질 수 있다.

"이젠 은마에 적응이 됐다"는 A 씨도 이 단지의 장점으로 가성비를 첫손에 꼽았다. 그는 "대치동 30평대 대단지 아파트 중 이 가격대는 여기가 유일하다"면서 "횡단보도도 거의 건너지 않고 아이 학교와 학원, 도서관, 지하철역, 반찬 가게, 마트를 누릴 수 있는 곳도 드물다"고 설명했다.

학원가와 가장 가까운 대단지

은마아파트는 지상 28개 동, 14층, 4,424가구 규모로 서울특별시 강남구 대치2동에 지어졌다. 외관만 보면 세월이 여실히 드러나지만, 입지적 여건만 따지면 대치동에서도 최고의 교육 환경으로 꼽힌다.

대치동 이야기

은마아파트는 101제곱미터형과 115제곱미터형, 두 가지만 있다. 전세가는 6억 원 후반대에서 10억 원을 호가한다. 매매가는 24억 ~29억 원대다.

서민들이 넘보기에는 만만치 않은 아파트지만, 자녀 교육을 위해서는 뭐든 희생할 각오가 돼 있는 학부모 입장에서는 그나마 대치동에서 1순위로 입주를 고려해볼 만한 단지라는 것이 대체적인 평가다.

학원가와 가까우면서 은마아파트보다 컨디션이 나은 단지로는 대치현대아파트, 대치삼성아파트, 대치효성아파트 등이 있다. 다만 가구 수가 수십 가구에 불과한 '미니' 단지들이 상당수여서 매물 찾기도 쉽지 않을뿐더러 방 3개짜리 100제곱미터대를 알아보면 전세가 13억 원 이상으로 확 뛴다.

교육 환경 측면에서는 이 일대 대단지 아파트에서 은마아파트만큼 대치동 학원가를 가까이에서 누릴 수 있는 곳도 딱히 없다. 대치동 대장으로 꼽히는 래미안대치팰리스 1, 2단지에서 시대인재가 있는 은마아파트 사거리까지는 도보로 12~15분가량 걸린다. 이에 비해 은마아파트는 가장 가까운 16동의 경우, 도보 2분, 가장 먼 1동도 단지 내에서 움직이면 10분이면 충분하다.

은마아파트의 '로얄 매물'은

전체 동 수가 28개 동에 달하는 은마아파트 단지 내 '로얄동'은 어느 초등학교에 배정되느냐에 따라 다르다. 은마아파트의 경우, 단지 규모가 크다 보니 단지 정가운데를 남북으로 나눠 초등학교를 배정한다.

남쪽으로 배치된 13개 동은 대곡초등학교, 북쪽에 배치된 15개 동은 대현초등학교로 간다. 이중 선호도가 높은 학교는 거리상 더 가까운 대곡초등학교다. 대치역 4번 출구를 통하면 횡단보도를 건너지 않고 등교할 수 있다. 또 대곡초등학교는 은마아파트 13개 동

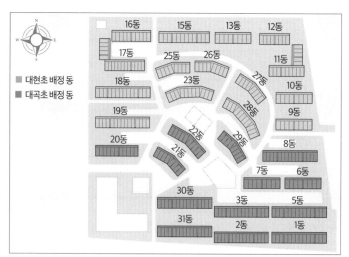

은마아파트 단지 안내도

대치동 이야기

과 미도 1, 2차 아파트에 거주하는 학생만 배정돼 비슷한 가정 환경에서 자란 친구와의 교제를 선호하는 학부모들이 좋아한다.

대현초등학교는 대치쌍용 1, 2차 아파트, 대치우성 1차 아파트, 대치현대아파트, 대치래미안하이스턴, 대치르엘아파트, 대치푸르지오써밋, 삼성역 부근 주택가에 거주하는 학생들이 배정돼, 학급원 구성이 비교적 다양한 편이다.

은마아파트에 누가, 왜 살까

A 씨는 "은마아파트에 이사 올 당시, 집을 알아보다가 '서울대 의대 보낸 집'과 같은 홍보 문구도 봤다"며 "은마에 사는 젊은 학부모의 90% 이상은 교육 때문에 이사 온 것"이라고 말했다.

인근 공인중개사사무소 관계자들도 "은마아파트 전월세 수요의 95% 이상은 교육 목적이라고 해도 과언이 아니다"라고 입을 모은다. 은마아파트 인근에서 활동하는 공인중개사 B 씨는 "간혹 '언젠가 (재건축) 되겠지'라는 마음으로 자녀 교육 겸 소위 '몸테크'를 각오하고 매매 후 내부를 몽땅 수리해 입주하는 의사나 변호사 등 전문직도 있다"고 전했다. 몸테크란 몸과 재테크를 합한 말로, 재개발이나 재건축을 노려 불편함을 감수하고 노후 주택에 거주하는 재테크 방식을 가리킨다.

취재 과정에서 만난 실거주자들도 모두 "자녀 교육을 위해 입성했다"고 밝혔다. 50대 직장인 C 씨는 "강동구에 자가가 있지만 자녀 교육 문제로 이곳에 전세로 살고 있다"며 "맞벌이 부부가 현실적인 비용으로 대치동에 입성할 수 있는 데는 여기뿐"이라고 말했다. 그러면서 "입주 전에 걱정했던 것과 달리 막상 살아보니 불편함이 없다"며 "자녀가 대학에 갈 때까지는 계속 거주할 예정"이라고 밝혔다.

송파구 잠실동, 양천구 목동, 성남시 분당구 등에 자가를 두고 아이 학원 때문에 은마아파트에 거주하는 이들도 있다. 대치동 일대 학원가를 오가다가, 차라리 들어와 살겠다고 결심한 이른바 '라이드 포기족'이다.

심지어 자동차로 10분도 안 되는 거리인 매봉역이나 도곡동에 살다가 자녀가 중학생이 되면서 이 단지로 이사하는 사람들도 있다. 40대 D 씨는 "시간이 금인 수험생 입장에서는 도곡동도 멀다. 학원 끝나는 시간마다 워낙 막혀 도곡동까지 차로 30분씩이나 걸린다"며 "길바닥에 시간을 버리느니 잠시 불편함을 감수하고 이사를 하는 편이 낫다. 주변 학부모 중에도 비슷한 케이스가 있다"고 전했다.

자식의 대치동 입성을 위해 은마아파트를 보유한 70~80대 노부모 집에 얹혀사는 사례도 많다. 공인중개사 B 씨는 "대치키즈가 부모가 돼 다시 돌아온 '연어족'"이라며 "부모님 명의의 은마아파트에 세 들어 사는 3040 학부모들"이라고 설명했다. 이어 "아이의 조부모가 이미 대치동에서 다주택 소유자라, 맞벌이 부부가 은마아파트에 거주하면서 육아 도움을 받는 사례도 상당수"라고 말했다.

너도나도 '올수리' 홍보, 살기 좋은 집 찾는 법

낡을 대로 낡은 집 상태는 여전히 예비 대치맘들이 은마아파트 입주를 꺼리게 만드는 핵심 요인이다. 이중 주차는 기본이고 밤늦은 시간에는 삼중 주차까지 감수해야 하는 주차난, 낡은 내부, 콘크리트 부식 등……

하지만 실제로 거주하는 주민들은 "막상 살아보니 나쁘지 않다"고 평한다. 인근에서 만난 주민들은 "2015년 주차 공간 확보 공사를 하면서 조경을 일부 없애고 최대한 주차 구역을 늘렸으며, 2020년 상수도 배관 공사를 해서 녹물도 안 나온다"고 설명했다.

특히 2020년 6월에 대치동이 토지거래허가구역으로 지정되면서 실거주 목적 외에는 매수할 수 없게 된 바람에 소유주들이 깨끗하게 수리한 뒤 거주하는 사례가 크게 늘었다는 것이 인근 공인중개사들의 평가다. 과거에 비해 자가 비율이 늘며 아파트 관리에도 신경을 쓰게 됐다는 이야기다.

이미경 대치학군공인중개사사무소 대표는 "은마아파트는 내부 상태에 따라 전셋값 편차가 큰 편"이라며 "살기 좋은 집은 9억~10억 원에도 거래가 성사된다"고 전했다. 그러면서 "인테리어나 단열 공사를 입주 후 한 번도 하지 않은 집도 간혹 있는데, 이 경우에는 세입자도 기피한다"며 "은마아파트 매물은 차라리 비싼 가격대부터 보라고 조언하기도 한다"고 설명했다.

이 대표는 "은마아파트 매물은 대부분 '올수리'라는 설명이 붙어 있기 때문에 '집주인 거주', '실거주용', '호텔식' 등과 같은 키워드가 붙은 집이 더 상태가 좋기도 하다"고 덧붙였다. 그러면서 "아예 재건축 이후까지 바라보고 장기적 관점에서 매수까지 고려하는 실수요자 입장에서도 은마아파트는 이 일대에서 가장 주목받는 재건축 단지"라며 "다만 용적률이 204%로 180%대인 인근 구축 아파트보다 높아 추가분담금이 많을 수 있다는 점은 염두에 둬야 한다"고 조언했다.

3

잠깐 살다 가는데
인기 폭발한 아파트

정통 부촌 대치1동

'대치동 정통 부촌'이라 불리는 서울 강남구 대치1동. 수도권 지하철 3호선 대치역과 도곡역을 낀 더블 역세권이자 '초품아(초등학교를 품은 아파트)'가 즐비한 곳이다. 이곳 아파트에는 공통점이 있다. 수십 년간 대치동에서 나고 자란 70대 이상 조부모들부터 아이를 둔 의사 부부 등 전문직 종사자들의 터라는 것이다. 대치초등학교, 대청중학교, 숙명여자중학교 등 학구열이 높은 초등학교와 중학교부터 숙명여자고등학교 등 유명 여자고등학교와 단대부속고등학교, 중동고등학교, 휘문고등학교 등 자사고가 인접해 있어 학부모들 선호도가 높다.

이러한 특성 때문에 무리해서라도 전세로 대치동 진입을 시도하는 학부모가 적지 않다. 이 일대 아파트 매매가는 평균 30억 원을 훌쩍 넘는 데다 전세로 들어가도 15억~18억 원은 기본이다. 그런데도 "웃돈 주고 사고 싶어도 매물이 없어서 속 터진다"는 말이 나온다. 비싼 전세도 상관없을 정도로 경제적 여건이 충분한 학부모들 입장에서는 최고의 조건을 갖춰서다. 심지어 이곳에 집이 있는 조부모에게 아이만 보내는 가정도 있다.

30년 넘은 부자 아파트 '우선미'

대치동 부촌을 대표하는 아파트로는 래미안대치팰리스, 개포우성아파트, 선경아파트, 한보미도맨션이 '4대장'으로 꼽힌다. 이 4대장은 다시 1980년대에 지어져 오랜 역사를 자랑하는 재건축 아파트인 '우선미(우성, 선경, 미도)'와 2015년에 지어져 비교적 신축 아파트에 해당하는 '래대팰(래미안대치팰리스)'로 나뉜다.

우선미는 부동산 업계에서 "미스코리아 진선미가 있다면 대치동에는 우선미가 있다"는 우스갯소리도 나올 만큼 지어진 지 40년 넘는 대치동 대장 아파트이자 꾸준히 신고가를 기록하는 아파트다. 이들 아파트는 모두 1,000가구 이상 대형 단지에 75% 이상이 132~198제곱미터대의 중대형 평수다.

대치동 A 공인중개사사무소 관계자는 "우선미는 평균 매매가가 40억 원대, 전세는 13억~17억 원대에 형성돼 있다. 1980년대 시세를 봐도 우선미는 압구정이나 반포 주변 아파트에 밀리지 않았다"며 "수요가 꾸준히 많기 때문에 집값이 현재 높게 형성된 반포보다 전세가가 2억~3억 원 정도 높다"고 말했다.

1983년 2,436가구, 총 12개 동으로 준공된 한보미도맨션은 대치동에서 단지가 가장 큰 곳이다. 2024년 8월 기준 최근 매매 실거래가가 51억 9,000만 원(11층, 217제곱미터형 기준)에 달할 만큼 주변 아파트 시세보다 가격대가 높게 형성된 데는 이유가 있다. 대치역, 학여울역, 개포동역, 대모산입구역이 가까운 역세권이자 단지에서 대곡초등학교까지 도보로 2분밖에 걸리지 않는 학세권 아파트라서다.

아파트가 지어졌을 당시부터 현재까지 거주하는 노부부터 부모와 자녀로 이루어진 4인 가구의 실거주가 많다. 중동고등학교, 휘문고등학교, 단대부속고등학교 등 3대 남자 자사고 재학생을 둔 부모들도 눈독을 들인다. 이 단지가 생기고 7년 뒤인 1990년에는 한보

미도맨션 3차가 생겼는데, 총 1개 동으로 전용면적은 최대 평수인 220.11제곱미터형 하나뿐이다.

대치역 사거리에 위치한 선경 1, 2차 아파트도 미도아파트가 입주했을 시기, 대치동에 터를 잡았다. 이 아파트 역시 1,034가구, 총 12개 동으로 이루어진 대단지 아파트다. 전용면적은 101.66~186.36제곱미터다. 2024년 8월에 12층, 182제곱미터형이 45억 원에 팔리는 등 초품아이자 더블 역세권이란 장점 덕분에 가격 오름세가 과열된 양상을 보인다.

지어진 지 40년이 훌쩍 넘은 대치동 개포우성 1, 2차 아파트는 1,140가구의 대단지아파트다. 역시 대치초등학교가 인접해 있고 도곡역, 대치역 더블 역세권이다. B 공인중개사사무소 관계자는 "이 아파트는 도곡동에 위치한 타워팰리스 등 랜드마크 단지보다도 입지가 나아 평당가가 비싸게 형성되는 경우가 많다. 재건축 기대감이 선반영된 탓도 있다"고 귀띔했다.

세 아파트 모두 학군이 좋아 부모들 입장에서는 끌리지 않을 수 없다. C 공인중개사사무소 관계자는 "대치동 학부모들은 초등학교는 대도초등학교와 대치초등학교를, 중학교는 학구열이 높기로 유명한 대청중학교를 선호하는데 이들 학교가 다 가깝다"며 "초등학교를 끼고 있어 무리하게 전세로 들어오는 젊은 부부도 많다"고 설명했다.

　낡은 아파트라고 하더라도 매매뿐 아니라 전월세 가격이 높게 형성돼 있으니, 결국에는 학교 때문에 우선미를 찾는다고 할 수 있다. 대치동 메인 학원가도 도보권으로 가까워, 소득 높은 부모들 입장에서는 적합한 매물 찾기가 절실할 수밖에 없다는 평이다. 재건축 기대감 때문에 학부모뿐 아니라 투자자들도 눈독을 들이는데, 업계에서는 재건축까지 최소 10~15년은 소요될 것으로 전망했다.

대치 시세 1위 신흥 강자, 래대팰

　"30평대는 사려는 사람이 줄을 섰어요. 집주인이 최고가 이상을 부르는데도 웃돈 1억~2억 원을 얹어서 산다는 사람이 많아요. 대기자는 넘쳐나는데 매물이 없죠. 대치동에 터를 잡는 부모들은 지방에서 애 공부 때문에 왔다가 전세 계약 기간이 끝나면 나가는데도 낡은 아파트보다 새 아파트에 대한 관심이 높습니다."

　요즘 대치동 아파트 최강자는 재건축을 마치고 2015년 입주를 시작한 래미안대치팰리스다. 래대팰 1단지는 1,287가구 총 13개 동, 2단지는 장기전세 20가구를 포함한 330가구에 총 4개 동으로 이루어진 대단지 아파트다. 학교는 대청중학교, 단대부속중학교, 숙명여자중학교, 숙명여자고등학교, 휘문고등학교, 중동고등학교가 가깝다. 메인 학원가인 한티역부터 은마아파트 입구 사거리까지도 인근이다. 도곡역, 대치역, 한티역을 낀 트리플 역세권으로 핵심 위치에 있다.

이렇다 보니 래대팰은 최근 대치동에서 시세가 가장 높게 형성된 아파트로 꼽힌다. 업계에 따르면 이 아파트는 평균 매매가 34억~51억 원에 달하고 전세가 17억~20억 원 수준으로 형성된 만큼 대치동에서 시세 기준 최강자다. D 공인중개사사무소 대표는 "신축인 데다 커뮤니티를 끼고 있다는 장점이 커서 매물이 없다. 34평 매매에서 최근 거래된 36억 원보다 더 비싼 37억 원 이상을 내겠다는데도 집주인이 안 판다고 할 정도"라고 귀띔했다.

'1억~2억 원가량 웃돈 주고 사려 해도 집주인이 안 팔아서 못 사는 아파트'라는 말이 나온 이유다. D 공인중개사사무소 대표는 "래대팰에 실거주하는 이들은 의사 부부 등 전문직 종사자가 대부분"이라며 "전세도 시세가 17억~20억 원으로 형성돼 있는데 유독 래대팰은 장기적 관점에서 투자하려는 사람 또는 무리해서 집을 사는 이들보다는 경제적 여건이 충분한 이들의 수요가 높은 편"이라고 했다.

대치동의 한 공인중개사사무소 관계자는 "래대팰은 돈이 없어서 전세로 들어가는 아파트가 아니다. 압구정 등에 더 좋은 집을 가지고 있으면서 애들 공부 때문에 잠깐 거주했다 나가는 사람들이 모인 곳"이라고 말했다.

래대팰은 2024년 들어 최고가를 경신한 바 있다. 국토교통부 실거래가 공개시스템에 따르면, 래대팰 전용면적 151제곱미터형은 2024년 4월 47억 9,000만 원에 팔렸다. 2023년 7월에 기록된 44억 5,000만 원보다 3억 원 이상 오른 신고가였다.

업계에서는 래대팰이 앞으로 10~15년 동안은 대치동에서 시세가 제일 높을 것으로 보고 있다. 대치 학군을 주로 다루는 어느 공인중개사사무소 대표는 "휘문고등학교나 중동고등학교 같은 자사고가 인접한 신축 아파트들이 하나둘씩 들어오긴 했지만, 래대팰을 이기지 못할 것으로 본다"고 말했다.

4

잠실, 목동
전세 주고 개포동으로

'신축+교육' 수요에 물 만난 개포동

남쪽에는 대모산이 있고, 북쪽은 1981년에 은마아파트를 포함해 개포택지개발지구로 지정된 이후로 개포동은 대치동과 떼려야 뗄 수 없는 관계였다. 강북에 있던 경기여자고등학교, 숙명여자고등학교, 중동고등학교 등이 차례로 이 일대로 이전해 대치동이 교육특구로 입지를 굳힌 1980년대에도 강남 8학군 명문고등학교에 자녀를 입학시키려는 학부모들이 개포동으로 몰려들었다. 지금은 래미안, 자이, 디에이치 등 프리미엄 브랜드로 탈바꿈한 옛 개포주공아파트들 앞 버스 정류장은 당시에도 버스로 15분이면 도착할 수 있는 대치동 학원가에 가려는 학생들로 활기가 넘쳤다.

그 시절에 비해 확연히 달라진 사실이 있다면, 개포동 일대가 양
재천 북쪽의 전통 부촌인 대치동을 능가하는 초고가 신축 아파트
로 즐비하다는 점, 이로 인해 진입장벽이 과거에 비해 훨씬 높아졌
다는 점이다.

잠실, 목동서 밀려드는 젊은 부자들

"개포동 신축 단지들은 소위 국민평형(전용 84제곱미터)이 30억 원
대예요. 자산이 넉넉하지 않으면 무리해서 대출을 받는다고 해도
들어오기 어렵죠. 서울 잠실, 목동에 자가가 있는 분들이 자녀 학
원 라이딩에 지쳐서 자가는 세를 주고 개포동 신축 전세로 들어오
는 경우가 많아요."

개포동 일대 공인중개사들은 하나같이 이렇게 말한다. 요즘 개
포동으로 유입하는 주요 세력은 서울에서 대치동 학원가와 거리가
먼, 교육열 뜨거운 지역의 젊은 학부모들이다. 개포동 신축 아파트
는 전세가만 방 세 개짜리가 10억 원을 훌쩍 넘는다.

개포동 S 공인중개사사무소 관계자는 "지방에서 자녀 교육만을

위해 무리해서 들어오는 경우는 보지 못했다"며 "이 경우, 대치동 은마아파트 등 구축 단지가 많은 다른 곳을 선택한다"고 설명했다. 이어 "범강남권으로 분류되는 지역에 자가를 보유한 여유 있는 집에서 더 나은 자녀 교육 여건을 보고 들어오는 사례가 대부분"이라고 말했다.

'얼죽신(얼어죽어도 신축)'이란 조어가 자리를 잡은 것처럼 신축 단지의 우수한 커뮤니티 시설은 이들을 유혹하는 또 다른 포인트다.

다만 도곡동 주민들조차 학원가에서 멀다는 이유로 은마아파트 등 학원가 도보 이동 가능권으로 이사하는 마당에 개포동은 너무 먼 것 아니냐는 의견도 있다. 디에이치퍼스티어아이파크는 대치동 학원가

개포지구 재건축 단지

대치동 이야기

까지 도보 30분 거리다. 버스(2413번)를 타면 환승 없이 15분 만에 도착할 수 있지만, 초등학생 학부모라면 라이딩이 필수다.

현지 공인중개사들은 이런 단점이 빠른 시일 내 극복될 것으로 보고 있다. 이 일대 수요를 노린 학원가들의 경쟁이 치열해지면서 관련 인프라들이 알아서 확충될 것이라는 이유에서다. A 공인중개사사무소 대표는 "입주를 시작한 지 몇 달 안 된 지금(2024년 8월 말 기준)은 학원 셔틀버스 노선이 미비하지만, 학원 셔틀버스 시스템은 통상 몇 주 안에 금방 만들어지기 때문에 큰 문제가 되지 않을 것"이라며 "여기 학부모들도 별로 걱정하지 않는 분위기"라고 설명했다.

신축 프리미엄에 우수 교육 여건까지

대치동도 그렇지만, 자녀 교육을 위해 개포동 진입을 계획하는 수요자라면 살펴볼 단지가 한둘이 아니다. 개포라는 한 단어로는 이 일대 단지들을 포괄하기 어렵다. 그나마 분류해보자면, 언주로를 중심으로 서쪽의 개포래미안포레스트(옛 개포시영), 중앙의 전통 부촌 '경우현(경남아파트, 개포우성 3차 아파트, 개포현대 1차 아파트)', 남쪽의 대모산에 인접한 옛 개포주공 재건축 단지와 개포주공 5~7단지 등이 있다.

2020년에 입주를 시작한 개포래미안포레스트(2,296가구)는 초등학교 자녀를 둔 수요자들이 선호한다. 배정 초등학교는 구룡초등학교와 포이초등학교다. 이곳의 가장 큰 단점으로는 대중교통이 꼽힌다. 가장 가까운 지하철역이 수인분당선 구룡역으로 도보로 19분이나 걸린다. 그나마 맞대고 있는 언주로의 버스 노선이 다양해 이를 이용해 출퇴근하는 주민들이 많다.

옛 개포주공 단지를 재건축한 신축 아파트 밀집 지역은 지금의 개포동을 상징하는 블록이다. 가장 최근에 입주해 대장주로 꼽히는 디에이치퍼스티어아이파크(개포 1단지 재건축, 6,702가구)는 단지 안에 개원초등학교와 개현초등학교가 있다. 일부 동은 개포동 단독주택가와 함께 개원초등학교로, 일부 동은 구룡마을, 개포래미안블레스티지(개포 2단지 재건축)와 함께 개현초등학교로 배정된다.

이 옛 개포주공 단지 구역에서도 학령기 자녀가 있는 수요자들이 가장 눈여겨보는 단지는 2019년 입주한 래미안블레스티지(개포 2단지 재건축, 1,957가구)와 개포디에이치아너힐즈(개포 3단지 재건축, 1,320가구)다. 단지 바로 옆에 전통 명문 고등학교인 경기여자고등학교가 있는 데다 두 단지 사이에 개포공원과 개포도서관이 있어 자녀들 키우기에 최적이란 평가를 받는다.

개포도서관의 경우, 2026년까지 재건축이 예정돼 있어 지금은 이용할 수 없다. 하지만 1980년대부터 동네 초·중·고등학생은 물론 대학생까지 많이 이용해 이 일대에서 오래 거주한 주민들 중 재건축 이후를 기대하는 사람이 한둘이 아니다.

개포주공 4단지를 재건축한 개포자이프레지던스(2023년 입주, 3,375가구)는 단지 내 초등생 전체가 개포초등학교로 배정된다.

재건축 진행 중인 단지들

신축의 높은 전셋값이 부담스러운 학부모들은 개포고등학교 인근 경우현을 노리는 경우가 많다. 1984년에 입주한 세 단지는 각각 678가구, 416가구, 405가구 규모다.

경우현은 구축 아파트이기는 하지만, 대형 평수가 많은 데다 주차 여건도 나쁘지 않아 선호도가 높다. 이 아파트들은 서울시의 신속통합기획 사업을 통해 재건축을 추진 중이다. 계획대로 양재천과 인접한 자리에 총 2,340가구 규모로 탈바꿈할 경우, 현재 이 주변에 있는 신축 아파트들보다 입지 여건이 훨씬 낫다는 것이 중론이다. 그런 만

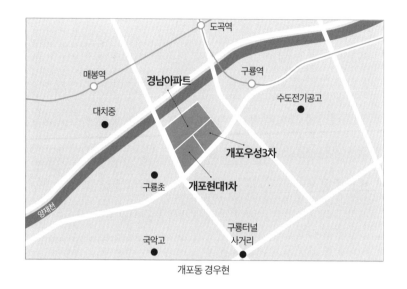

개포동 경우현

큼 시세 차익을 노리고 아예 매매로 들어오는 학부모들도 많다.

옛 개포주공 단지들 중 아직 재건축이 되지 않은 고층 5~7단지는 수인분당선 개포동역과 대모산입구역의 더블 역세권이다. 버스 정류장도 경기여자고등학교, 양전초등학교, 개원중학교 주변에 즐비해, 교통 여건만 놓고 보면 경우현보다 몇 수는 위라고 평가하는 이 일대 중개업자들도 적지 않다. 다만 이곳은 모든 세대가 국평 이하 방 2~3칸짜리 중소형 규모라는 것이 최대 단점이다. 두 자녀 가정의 경우, 자녀들이 중학생만 돼도 살기 불편하다는 이야기가 나온다. 가구 수가 많아 주차 여건도 경우현에 비해 나쁘다는 평가를 받는다.

개포동 S 공인중개사사무소 대표는 "대치동 학부모들이 자녀의 교육 여건을 최우선으로 고려한다면, 개포동 학부모 중에는 부동산 시세 차익까지 노리고 진입하는 경우가 꽤 있다"며 "옛 개포주공 저층 단지가 입주한 이후, 대치동에 비해 재건축 속도도 빠른 편이어서 이른 시일 내 새 아파트 거주를 꿈꾼다면 대치동보다 더 적극적으로 고려해볼 만하다"고 말했다.

5

저출생 시대에
초등생 바글바글한 도곡동

대치 학군과 가깝고도 먼 도곡동

"두 살 터울로 딸 둘 키우고 있어요. 초6이랑 중2요. 첫째 유치원 다니던 시기에 왔으니 10년쯤 됐죠. 2014년 당시 26평을 7억 원 후반대에 무리해서 매매한 뒤 지금까지 실거주하고 있는데, 아주 만족합니다."

도곡동 도곡렉슬아파트에서 10년 넘게 거주하고 있는 40대 주부 A 씨를 만났다. 그가 이 단지에 들어온 것은 다른 또래 부부들과 마찬가지로 자녀 교육 때문이었다.

"결혼 초기 수도권에 살다가 자녀가 생긴 뒤부터 강남 입성 계획을 짰습니다. 도곡렉슬에서 가장 좁은 평수였지만 방이 3개라, 그래도 아이들에게 방을 하나씩 줄 수 있다는 생각에 매입했어요."

A 씨는 "도곡렉슬은 2006년에 입주를 시작해 연식이 어중간하다는 단점이 있긴 하지만, 1970년대 후반부터 1980년대 초반 사이에 지어진 대치동 구축보다 컨디션이 좋고, 롯데백화점이나 강남세브란스병원 등 생활 인프라를 걸어서 이용할 수 있어 학생뿐 아니라 학부모의 실거주 만족도도 높다"고 평했다.

이어 "4인 가족이 살기에 집이 좁긴 하다"면서 "이사는 자녀 교육을 모두 마친 뒤, 전세를 주고 수도권으로 나오는 방향으로 고민 중"이라고 덧붙였다. 현재 A 씨가 거주하는 도곡렉슬아파트의 86~88제곱미터형은 매매 기준으로 22억~25억 원 선을 호가한다.

매봉터널 기준으로 절반만 대치 학군

도곡동은 동쪽으로 대치동, 서쪽으로 서초동, 북쪽으로 역삼동이 붙어 있어 교육 시설, 주거 시설, 업무 시실과 두루 가까운 것이 특징이다. 다만 어디와도 초근접한 입지는 아니라서 위치가 다소 애매하다는 평가를 받기도 한다.

도곡동은 행정구역이 동서로 길게 뻗어 있는데, 학부모들은 매봉 터널을 기준으로 동부와 서부로 나눈다. 동부인 도곡2동의 일부 지역은 자타 공인 대치 학군에 속하지만, 서부인 도곡1동과 도곡2동 일부는 학원가와 접근성이 떨어져 중심 교육가라고 부르기에는 거리가 있는 편이다.

다만 강남세브란스병원이 가까운 병세권이면서 수인분당선과 3호선의 더블 역세권인 데다 양재천, 한티역 롯데백화점, 경부고속도로, 분당내곡간도시고속화도로 등 생활 인프라가 잘 갖춰진 덕에 사업가, 노부부, 여유 있는 젊은 부부 등 자녀 교육과 관계없는 이들도 만족한다는 것이 실거주자들의 이야기다.

학부모 문의가 가장 많은 렉슬

한티역 5번 출구에서 나오자마자 보이는 3,002가구 대단지 도곡 렉슬아파트는 2006년 입주를 시작했다. 2000년대 중반까지만 해도, 강남구에서도 가격이 다섯 손가락 안에 들었다.

면적은 86제곱미터형부터 225제곱미터형까지 다양하며, 매매 시세는 21억~60억 원대에 형성돼 있다. 전세가는 9억~22억 원대다.

도곡동과 그 주변 지역

국평이라 불리는 109~111제곱미터형은 매매 31억~33억 원, 전세 15~16억 원대를 호가한다.

학부모 입장에서 도곡렉슬아파트의 최대 장점은 '초·중·고품아' 라고 해도 과언이 아닌 입지다. 대도초등학교뿐만 아니라 중대부속고등학교, 숙명여자중학교와 고등학교 등 유명 8학군 학교를 횡단보도 하나 건너지 않고 갈 수 있다. 인근 공인중개사들에 따르면, 오로지 대도초등학교에 보내기 위해 전세를 문의하는 수요도 있을 정도다. 업계에서는 도곡동에서 학부모들이 가장 많이 찾는 단지로 도곡렉슬아파트를 첫손에 꼽는다.

서울에서 학생이 가장 많은 초등학교

대도초등학교는 대치 학군 학부모들이 가장 선호하는 초등학교 중 하나다. 기본적으로 위치가 강남 8학군에 해당해 유명 학원가에 접근하기 좋고, 전교생 수가 많으며, 부유한 집안의 자녀들이 많아 추후 '○○초 출신'으로 자녀가 다양한 인맥을 확보할 수 있다는 것도 장점이다.

그래서 저출생인 와중에도 이 학교는 초과밀 학급을 운영하고 있다. 현재 전교생 수가 2,038명으로, 서울에서 전교생 수 1위다. '전교생 2,000명대' 타이틀을 가진 유일한 학교다. 참고로 다른 대치동 인근 초등학교 재학생 수는 도성초등학교 1,759명, 대치초등학교 1,525명, 대곡초등학교 1,244명, 대현초등학교 1,117명, 도곡초등학교 860명이다(2024년 기준).

초등학생이 하교할 때인 평일 오후 1시께 대도초등학교 앞 거리는 아이들과 학부모들로 가득 찬다. 도곡2동의 도곡렉슬, 래미안도곡카운티, 도곡동삼성래미안과 동부센트레빌, 대치아이파크 등 행정구역상 대치동인 일부 아파트 학생들이 대도초등학교에 모인다.

대도초등학교에 초등학생이 몰리는 탓인지 한티역 인근 학원가도 초등 교육에 초점을 맞추는 모습이다. 은마아파트 사거리 중 대치역 방향으로는 고등학생 대상 대학입시 학원이 주로 포진돼 있다면, 한티역 주변에는 게이트 등 유명 영어유치원이나 트윈클어학원, 에디센어학원 등 초·중등 영어학원이 많다.

남학생보단 여학생 가정이 선호하는 동네

자녀가 대학에 합격할 때까지 도곡동에 머물겠다고 결심한 가정 중에는 딸을 키우는 집이 많다. 이미경 대치학군공인중개사사무소 대표는 "대도초→숙명여중→숙명여고 코스로 학교를 보내려는 수요가 꽤 있다"며 "대치동 우선미 같은 전통 부촌에서도 보내고 싶어 하는 명문 학교이기 때문에 젊은 학부모 입장에서는 굳이 비싼 대치동 중심부로 진입할 필요가 없다"고 설명했다. 이 지역은 역삼동 진선여자고등학교나 은광여자고등학교 같은 명문 여학교와도 가깝다. 이 대표는 "도곡동에 사는 남학생의 경우에는 대도초→도곡중→단대·중대부고로 진학하는 경우가 다수"라고 설명했다.

도곡동을 논할 때 1세대 초고층 주상복합 단지 삼성타워팰리스를 빼놓을 수 없다. 과거 도곡동을 강남 부촌의 대명사로 만든 장본인이다. 여전히 유명 연예인들이 거주하는 데다 매매 기준 25억

~120억 원을 호가하는 초고가 아파트다.

다만 교육이 중요한 학부모들 입장에서는 고개를 갸웃하게 되는 측면도 있다. 대치동 학원가와 도보로 10분 거리이기는 하지만, 초등학생의 경우에 양재천 너머인 개일초등학교로 배정되는 것이 문제다. 도곡동에서 과외 중개 업체를 운영하는 C 씨는 "타워팰리스 학부모는 초등학교 배정지와 무관한 국제학교나 사립초를 보내는 경우가 많다"며 "도곡동에서 국내 대학입시 관련 과외를 문의하는 이들은 대부분 렉슬에 살고, 타워팰리스나 청담동, 한남동 등에서는 국제학교 면접, 숙제 보조 과외 문의가 많다"고 했다.

일부러 도곡1동 살기도

"라이딩 하다 지쳐 대치동 간다"는 말이 나오는 도곡동은 통상 대치보다 서초나 역삼이 더 가까운 도곡1동을 가리킨다. 자녀가 치열한 대치동 분위기에 잘 적응하지 못할까 봐 일부러 대치동 학원가와 강남 8학군을 한 발짝 떨어져 경험하려는 학부모들이 도곡1동을 찾기도 한다.

이 경우 가성비를 챙길 수도 있다. 이미경 대표는 "도곡1동 역삼

럭키 같은 경우에는 109제곱미터형을 22억 원대로 매입할 수 있고, 전세도 8억 원대"라며 "학부모가 자녀를 라이딩으로 학원에 보낼 계획이고, 대치동 학구열을 경험해보고 싶은 정도라면 도곡1동을 검토해보는 것도 괜찮다"고 귀띔했다.

10년 만에 신축 아파트가 들어선다는 소식에 강남 입성을 노리는 이들의 관심도 도곡1동에 쏠리는 상황이다. 2026년 10월 입주 예정인 래미안레벤투스가 그 주인공이다. 도곡 삼호아파트를 재건축한 308가구 중소형 단지다.

대치동에서 활동하는 교육 컨설턴트 D 씨는 "도곡1동은 대치의 메인 학원가와는 거리가 멀지만, 인근 공립초등학교의 분위기가 전반적으로 좋게 평가되고 있다"며 "오히려 대중교통은 더 편리해 지하철로 출퇴근하는 맞벌이 부부들이 도곡1동 아파트를 매입해 초등 저학년 자녀와 실거주하는 경우가 많다"고 말했다.

이어 "도곡동의 경우, 전세보다 실거주가 많은 분위기"라며 "전세로 대치 학군을 누릴 거라면, 같은 비용으로 학원가가 가까운 대치동으로 진입해도 되기 때문"이라고 설명했다.

6

집값 비싸도
입성만 하면 걱정 없다는 역삼2동

도성초, 진선여중·고 보내는 역삼2동

"딸을 진선여중, 진선여고에 보내려는 부모님들의 상담이 끊이지 않습니다."

역삼2동에서 부동산을 운영하는 한 부동산중개사는 "우리 중개사사무소는 진선여중 전문이라고 해도 될 것 같다"며 이같이 말했다. 그는 "딸을 둔 부모님들이 선호하는 1순위 대치 학군이 역삼2동"이라고 주장했다.

팔이 안으로 굽는다는 점을 감안하고 들어야 할 이야기이기는 하다. 도곡동에서 보낼 수 있는 숙명여자고등학교를 비롯해 경기여자고등학교, 은광여자고등학교 등 범대치 권역에는 내로라하는 여고가 즐비하기 때문이다.

그렇다고 이 중개사의 주장을 마냥 한 귀로 흘려들을 것도 아니다. 역삼2동에는 선릉역 3번 출구부터 도성초교 사거리로 이어지는 블록에 도성초등학교, 진선여자중학교, 진선여자고등학교가 모두 있다. 딸을 둔 학부모 입장에서는, 일단 입성만 하면 초·중·고등학교 진학 과정에서 특별히 걱정할 것이 없는 데다 대치동 메인 학원가도 비교적 가깝기 때문이다.

초등학교부터 다르다

이 지역은 도성초등학교를 갈 수 있는 학군으로 유명하다. 도성초등학교는 대치 학군 안에서도 인기가 좋다. 학교 알리미에 따르면, 도성초의 학급당 학생 수는 30.3명으로 서울시 평균(20.8명)은 물론 강남구 평균(23.7명)을 웃돈다(2024년 기준). 교육부의 과밀학급 기준(28명)을 훌쩍 넘긴다. 인기의 방증이기도 하다.

안전하게 도성초등학교 배정을 받을 수 있는 거주 지역은 도성초등학교가 있는 블록이다. 테헤란아이파크, 동부센트레빌, 개나리

도성초등학교 배정 지역

SK뷰 5차 아파트, 강남센트럴아이파크, 삼성래미안펜타빌, 역삼자이, 역삼현대아이파크 등이 같은 블록에 있다. 길 건너편인 개나리래미안, 역삼푸르지오, 개나리푸르지오, 역삼e편한세상 등도 도성초등학교 학군으로 분류된다. 선릉역 2번 출구 방면에 있는 블록도 일부 도성초등학교로 배치되지만, 도곡초등학교로 배치될 가능성도 있다.

역삼래미안, 래미안그레이튼2, 3차부터는 완전히 도곡초등학교 학군으로 분류된다. 일각에서는 도곡초등학교가 도성초등학교보다 상대적으로 인기가 덜하다는 평가를 내리기도 한다. 대치동 학군으로 분류되지만, 빌라들 사이에 있어 골목이 좁고 차량 이동이

대치동 이야기

많아 학부모 입장에서는 등하교 때 신경이 더 쓰이기 마련이다. 학급 평균 학생 수는 22.6명으로 서울시 평균보다는 많지만 강남구 평균에는 미치지 않는다(2024년 기준).

도성초등학교에 보내려는 학부모들은 역삼현대아이파크를 선호한다. 특히 길을 건너지 않아도 되는 205동~207동이 가장 인기다. 이 경우, 공원과 연결된 아파트 후문으로 학교를 갈 수 있다.

역삼2동에 있는 아파트들의 가격대는 대부분 비슷하다. 20평대는 20억 원대 중반, 30평대는 30억 원대 초중반, 40평대는 30억 원대 중후반에서 가격이 형성돼 있다. 그런 만큼 가격을 너무 따지기보다는 보내려는 학교에 따라 선호가 정해지는 모습이다.

딸이냐 아들이냐, 그것이 문제로다

중학교로 가면 사정은 또 달라진다. 자녀가 딸인지, 아들인지에 따라 선호하는 아파트가 다르다. 일단 딸이라면 대다수가 진선여자중학교와 같은 블록에 있는 강남센트릴아이파크, 삼성래미안펜타빌, 역삼현대아이파크, 개나리SK뷰 5차 아파트, 테헤란아이파크 등을 선호한다. 길 건너에 있는 개나리래미안, 개나리푸르지오 등은 역삼중학교으로 배정될 가능성이 있다.

이 중에서도 제일 선호하는 곳은 개나리SK뷰 5차 아파트다. 대치동 학원가와 조금이라도 가깝다는 점이 제일 큰 이유다. 학교 바로 옆에 붙어 있어 높은 층은 탁 트인 전망도 장점이다. 하지만 총 세대수가 240가구에 불과해 매물을 구하기 쉽지 않다.

개나리 4차 아파트가 재개발된 강남센트럴아이파크도 인기다. 2022년 4월 사용 승인이 난 신축 아파트이기 때문이다. 이 일대에서 보기 드물게 '얼죽신' 트렌드를 충족하는 단지라고 할 수 있다. 규모도 499가구로 인근의 다른 아파트에 비해서는 큰 편이다.

아들이 있는 집이라면 선택지는 조금 넓어진다. 진선여자중학교

진선여자중학교 배정 지역

대치동 이야기

블록뿐 아니라 역삼푸르지오, 역삼e편한세상, 역삼래미안, 래미안 그레이튼 2, 3차 등이 있는 역삼중학교 블록까지도 가능하다. 역삼중학교는 여학생보다는 남학생의 선호도가 높다. 여학생의 경우, 대치동에 갈 만한 여자중학교가 워낙 많은 까닭이다. 이는 학생 성비로도 드러난다. 학교 알리미에 따르면, 역삼중학교에서 남학생이 차지하는 비중은 69%에 달한다(2024년 기준). 10명 중 7명이 남학생인 셈이다.

역삼중학교 학군에 있는 아파트들의 장점은 20평대 아파트가 있다는 점이다. 진선여자중학교 학군에 있는 아파트들은 30평대부터 시작하다 보니 단번에 매매로 진입하기에는 장벽이 높은 편이다.

그중에서 가장 인기가 좋은 곳은 개나리푸르지오다. 이 역시 개나리SK뷰 5차와 마찬가지로 대치동 학원가와 가깝다는 점이 가장 큰 강점이다. 개나리푸르지오는 전용면적이 79.81제곱미터부터 있다. 매매 기준으로 가격대도 20억 원대 초반부터 가능하다.

물론 절대적인 가격은 비싸지만, 대치동 일대 집값을 고려했을 때 비교적 적은 금액으로 역삼중학교 학군으로 들어갈 수 있다는 장점이 있다. 다만 인기가 많아, 매물이 많지 않다. 네이버 부동산 기준으로 전세가는 10억 원부터 시작된다.

개나리푸르지오의 또 다른 특징은 40평대 아파트가 없다는 점이다. 한 부동산 관계자는 "자녀가 2명이면 30평대는 좀 작고, 50평대는 너무 크다"며 "20평대를 원하는 자녀 1명을 둔 부부가 제일 선호한다"고 설명했다.

딸과 아들을 모두 키운다면 계산은 좀 더 복잡해진다. 부동산 관계자들은 딸이 있다면 안전하게 진선여자중학교 블록에 진입할 것을 권했다. 한 부동산 관계자는 "개나리푸르지오 등에서도 진선여자중학교에 배치될 수 있지만, 역삼중학교에 갈 가능성도 크다"며 "진선여자중학교 블록이라면 딸은 진선여자중학교, 아들은 역삼중학교에 갈 수 있다"고 조언했다.

학생만 오피스텔로 보내는 부모들

역삼2동 부동산 관계자들은 진선여자중학교 블록의 가장 큰 강점으로 한번 들어오면 이사를 갈 필요가 없다는 점을 꼽았다. 특히 여학생의 경우, 진선여자중학교 바로 옆에 있는 진선여자고등학교로 진학하게 되면 편하다. 물론 고등학교는 가깝다고 배정되는 것은 아니지만, 도성초→진선여중→진선여고로 진학할 가능성이 높은 셈이다. 다만 남학생이라면 가까이에 고등학교가 없어, 어느 학교로 배정을 받든 통학 시간이 길어질 수 있다.

아파트 단지가 빼곡한 역삼2동이지만 가족 단위만 사는 것은 아니다. 역삼2동 학군 가장자리는 테헤란로와 붙어 있는데, 이곳 오피스텔에서 사는 학생들도 있다. 대부분 사무실 중심이지만, 주거를 할 수 있는 오피스텔도 다수 있기 때문이다. 다만 넓지 않기 때문에 가족 전체가 오기보다는 학생만 이사를 시키는 부모가 종종 있다는 것이 지역 중개사들의 설명이다. 문제는 전입신고다. 전입신고를 하지 못하면 이사했어도 근처 학교로 배정을 받을 수 없다.

한 중개사는 "전입신고가 가능한 오피스텔이 거의 없다"며 "전입신고가 가능한 물건이 뜨면 알려달라고 전화번호 등을 미리 주고 가는 부모들도 있다"고 설명했다.

4장

대치동 사람들이
바라본 대치동

1

'대치키즈가 먹는 약' 사러 지방에서도 온다

대치동이 일터인 사람들

사교육 1번지로 불리는 대치동 일대가 일터인 사람들이 있다. 학원가 주변의 수많은 식당과 카페, 그리고 병원에서 근무하는 사람들이 바로 그들이다. 이들은 대치동 학생들과 부모들의 일상을 면밀히 지켜봐왔다. 대치동 사람이면서도 대치동 사람이 아닌, '대치동'을 어느 정도 객관화해서 바라볼 수 있는 사람이라는 이야기다.

대치동 병원을 예로 들어보자. 대치동 병원은 다른 동네 병원과는 분위기가 사뭇 다르다. 유독 공부하는 학생과 그 학부모를 대상으로 하는 한의원이 많다. 대치동 한의원을 찾는 환자 대부분은 수험생이나 그 학부모라고 해도 과언이 아니다. 약을 처방받는 시간도 아까워 학생 대신 부모가 오는 경우도 적지 않다. 대치동 한의사들은 '대치키즈가 먹는 약'이라는 이유 하나만으로 지방에서 올라오는 환자들도 늘어난 것을 체감한다고 입을 모은다.

이들은 대치동 엄마들이 단순히 아이를 '쥐 잡듯' 하며 교육에만 매달리는 것은 아니라고 이야기한다. 이들이 바라본 대치동은 어떤 모습일까? 4장에서는 대치동에서 일하는 다양한 직군의 사람들이 바라본 대치동 사람들 이야기를 들어본다.

'대치키즈', 이 동네 한의사가 돼보니

"대치동은 많은 분이 아시는 대로 다른 지역보다 아이들에 대한 교육열이 굉장히 높은 지역입니다. 그만큼 부모님들이 아이들이 공부에만 집중할 수 있도록 최선의 환경을 만드는 데 노력하는 모습들이 많이 보입니다."

대치동에서 나고 자라 경희대학교 한의과대학을 졸업, 한의사가 된 김상원 경희영신한의원 대표원장은 "주로 아이들이 힘들거나 중요한 시험을 앞두고 있을 때 한의원에 내원해 상담을 원하는 모습에서 그런 점을 자주 느꼈다"며 이같이 말했다. 그는 "나 역시 이 동네에서 학창 시절을 보내면서 느낀 것이지만, 학교 선생님들도 입시 등에 해박하다. 기본적으로 동네 분위기가 교육에 대한 관심이 높게 형성돼 있다"고 했다. 대치키즈로 누구보다 대치동을 잘 아는 그가 이 지역에서 한의원을 운영한다는 사실은 대치동의 교육열을 느낄 수 있는 대목이다.

대치동 한의원, 무엇이 다를까

다른 지역 한의원과 대치동 한의원은 무엇이 다를까?

대개 한의원에서 일반 보약 처방과 통증 진료 등을 받는다면, 대치동 한의원은 수험생과 수험생 가족, 특히 엄마들의 스트레스 관련 질환 진료에 집중한 것이 이곳 한의사들의 공통된 설명이다.

김 원장은 "기본적으로 일반적인 동네 한의원의 성격을 띤다"면서도 "총명탕 등 공부에 도움이 되는 보약이나 관련 클리닉 등에 대한 홍보 비중이 높은 편이다. 다른 동네에 비해 수험생 관련 프로그램이 잘돼 있다"고 짚었다. 실제로 온라인상에는 '수험생 체력 보강 전문 한의원', '수험생용 공진단 처방', '수험생 불안, 스트레스에는 한약' 등과 같은 홍보 문구가 쏟아진다.

대치동 한의사들에 따르면, 최상위권 학생들은 평소 건강도 공부처럼 체계적으로 관리한다. 내원한 아이들은 평소 체력과 면역력 강화를 위한 녹용, 경옥고 중심의 맞춤 처방으로 체력 관리를 받는다.

시험 기간 1달 전부터는 총명탕으로 집중 케어를 받는다. 시험 1주일 전부터 당일까지는 공진단과 우황청심환 등으로 집중력을 최대치로 끌어올리고 불안감을 해소한다. 건강 기능 식품과 영양제처럼 규격화된 제품에 비해 개개인의 특성과 체질을 고려한 맞춤 한약 처방이 더 빠르게 효과를 볼 수 있다는 판단에서다.

김 원장은 "보약이나 공진단 같은 경우, 여름과 겨울처럼 기력이 쉽게 떨어질 수 있는 시기에 원한다. 우황청심환은 시험 전에 주로 찾는다"면서 "학생들의 집중력 향상과 기력 보충에 있어 확연한 효과를 보이기 때문에 수요가 높은 편"이라고 덧붙였다.

문제는 공부 효율을 높이기 위해 향정신성의약품까지 복용하는 사례도 적지 않다는 것이다. 다만 한약은 천연 재료를 이용해 비교적 안전한 데다 수험생 개개인의 상태에 맞춰 조제할 수 있어 수요가 높다고 의사들은 보고 있다. 김 원장은 "한의원에서는 침 등을 통해 심리적 압박 등을 해소하고 한약으로 집중력과 기억력을 높인다"며 "또 기력 회복을 돕고 면역력을 강화하고 전반적인 체력 증진을 이룰 수 있어 많이 찾는다"고 설명했다.

어릴 때부터 고등학생 시절까지 대치동에서 '전부'를 쏟은 김 원장은 누구보다 아이들의 심리를 잘 이해하는 듯했다. 시험 기간이 다가온다는 심리적 압박감, 밤 10시까지 빡빡하게 짜인 학원 스케줄, 부모들의 기대감을 충족시켜야 한다는 부담감……. 그는 "약재의 가감을 통해 다한증 등 학생들의 불편한 증상을 함께 해결해주려 하는 편"이라며 "우황청심환의 경우, 시험 때 갑작스러운 변화를 겪지 않도록 미리 여러 차례 복용하면서 효과를 테스트해보라고 권유한다"고 말했다.

식을 줄 모르는 한의원의 인기

현재 대치동에서 학생과 부모를 타깃으로 하는 한의원은 50여 곳이 훌쩍 넘는다. 수능 준비생들을 타깃으로 하는 학원가가 대거 모인 한티역 인근에만 15여 곳이 모여 있다. 아울러 갓 초등학교에 입학한 어린아이들의 성장 등을 고민하는 부모도 많이 내원하는 것으로 알려졌다. 또 학생을 직접 케어하는 부모 역시 스트레스로 인한 치료가 꾸준하다는 것을 감안하면 수요가 보장된 입지다. 전문가들은 빠르게 늘어나는 수요를 고려하면 앞으로 대치동이 한의원 포화 상태가 될 것이라고도 본다.

김 원장은 "수험생들이 한의원을 찾는 이유는 대부분 체력 보강과 피로 해소, 면역력 강화, 집중력 및 기억력 향상, 스트레스 및 불안 완화 등"이라면서 "아직 많은 사람들이 알지 못하지만, 이외에도 한의학 치료가 소화 기능 개선이나 감기, 기침, 두통 등 잔병을 회복하는 데 탁월한 효과가 있기 때문에 이러한 효과가 널리 알려지면 더욱 많은 분이 한의원을 방문할 것"이라고 말했다.

2

대치키즈들이
편의점으로 달려가는 이유

편의점 사장님 눈에 비친 아이들

"사장님, 저 추석에 용돈 많이 받았어요."

"제가 좋아하는 노래 틀어주세요!"

오후 3시 대치동의 한 편의점. 대도초등학교 6학년 김 모 군과 박 모 양은 하교하자마자 이 편의점을 찾았다. 이들은 편의점 점주 A 씨와 오랫동안 알고 지낸 사이인 듯 아이다운 응석을 부렸다. 그는 아이들의 물음에 웃으며 답하거나 장난을 쳤다. 준비했던 초콜릿을 꺼내 나눠주기도 했다.

A 씨는 2년 전 다니던 회사를 그만두고 대치동에 편의점을 열었

다. 이후 매일 오후 1시부터 자정까지 11시간을 대치동에서 보내고 있다. 어떻게 보면 2년은 길지 않은 시간이었지만, 그는 대치동 학원가에 스며들었다. 그를 인터뷰하는 동안에 학생 약 20명이 오고 갔는데, 그는 학생 대부분과 서로 안부를 묻고, 개인적인 대화를 나눴다.

A 씨는 매일 대치동 아이들이 '길밥(길에서 밥을 먹는 것)'을 하는 것을 지켜본다. 실제로 대치동에서는 학생들이 제대로 된 끼니 대신 자투리 시간에 편의점에서 간편식 먹는 것을 어렵지 않게 볼 수 있다. 이날 대치동에서 들른 편의점 5군데에서 모두 초등학생, 중학생이 섞여 끼니를 때우고 있었다.

편의점이 집보다 편한 아이들

A 씨는 대치동 편의점은 아이들에게 끼니 해결의 공간 이상이라고 설명했다. 편의점을 대치동 아이들의 '유일한 놀이터'라고 규정했다. "여기 아이들은 돈이 아니라 시간이 부족하다"며 "친구를 만나 놀기도 하고, 혼자서 생각을 정리하기도 하는, 학교와 학원에서 하지 못했던 것을 하는 공간이 바로 편의점"이라고 말했다.

이날 편의점을 찾은 초등학생 박 양은 라면을 다 먹은 뒤에도 편의점에 머무르며 A 씨와 가위바위보를 하거나 농담을 나눴다. 다른 초등학생 무리는 핸드폰 게임을 하거나 노래에 맞춰서 춤을 췄다. 박 양은 "오후 4시부터 10시까지 과외와 학원이 연달아 있어 지금이 유일한 휴식 시간"이라며 "편의점이 집보다 편하다"고 설명했다.

대치동 학생들과 친해진 것은 A 씨가 아이들을 좋아한 덕도 있지만, 그가 꼽는 가장 큰 이유는 아이들이 관심을 필요로 했기 때문이다. 그가 가장 인상 깊게 기억하는 아이는 그림 재주가 있는 학생이다. 그는 "자기가 그린 그림에 대해 관심을 받지 못하던 아이가 어느 날 내게 와서 자신의 작품을 보여줬다"며 "아이 이야기에 잠시 귀를 기울였을 뿐인데 급속도로 가까워졌다"고 설명했다.

그는 "아이들을 관찰하다 보면 개개인마다 특출난 부분이 있다"며 "예컨대 두드러지게 말을 잘하고, 인간관계에 능숙한 아이들도 있다"고 말했다. 이어 "그러나 대치동 학원에서 모두가 하루 종일 같은 공부를 하다 보니 스스로를 발견할 기회도 없고, 주변 어른들이 발견해주려고 하지도 않아 안타깝다"며 "아이다운 모습으로 스스로 하고 싶은 것을 탐색할 수 있었으면 좋겠다"고 말했다.

3

대치동 공인중개사는
교육 컨설턴트?

대치동 공인중개사가 바라본 대치동

대치동 학원가 공인중개사에게 요구되는 역량은 다른 지역과 사뭇 다르다. 학생과 그 부모를 대상으로 하는 경우가 월등히 많아서다. 고객에게 최적의 매물을 선보이기 위해서는 학부모 이상으로 학군과 학원 정보에 두루 박식해야 한다. 대치동 공인중개사들은 "자녀 교육이라는 목적 없이 대치동 매물을 알아보는 손님은 드물다"며 "대부분 수험생을 둔 학부모라고 해도 과언이 아니다"라고 입을 모았다.

이들이 바라본 대치동은 어떤 모습일까?

"자녀가 초등학교 5학년이고, 예산은 최대 10억 원 정도입니다. 대치동 전입을 고민하고 있는데, 어디가 좋을까요?"

10년 전 대치동에 입성, 고등학생 자녀를 키우며 공인중개사로 활동하는 이미경 대치학군공인중개사사무소 대표는 '근무하면서 가장 많이 듣는 질문'이 무엇이냐는 기자의 질문에 이렇게 대답했다. 그러면서 "때로는 교육 컨설턴트가 된 기분까지 든다"고 덧붙였다. 그는 "매물의 컨디션, 교통 편의성, 투자 전망, 병원이나 마트 등 생활 인프라에 더해 단지별 배정 학교, 학원가에 대해서도 숙지하고 있어야 하는 것이 학군지 공인중개사의 숙명"이라며 대치동의 교육열을 체감한다고 전했다.

이 대표가 대치동에서 '학군지 전문' 공인중개사로 창업한 점 역시 이곳의 교육열을 체감할 수 있는 대목이다. 그는 2024년 8월 방송된 채널A〈성적을 부탁해 티처스〉에서 학군지 입성을 고려하는 학부모가 고민거리를 안고 찾은 공인중개사로 등장한 바 있다.

대치동 전월세 매물을 찾는 고객 중 99%는 자녀 교육을 위해 이사를 결심한다. 이 대표는 "고객 상당수가 의사 등 고학력 전문직 종사자"라며, "공부로 사회적 성공을 이룬 이들이 자녀도 같은 길을 걷게 하려고 오는 경우가 많은 편"이라고 진단했다.

이어 "초등학교 고학년 자녀를 둔 부모의 문의가 가장 많고, 초등학교 입학 직전인 7세 자녀를 둔 손님이 뒤를 잇는다"고 말했다. 학부모 대부분이 초등학교나 중학교 배정 시기에 전입한다는 설명이다. 중고등학생 자녀와 이사하는 경우도 종종 있는데, 학교 배정에 구애받지 않는 특목중고등학교 재학생이 학원 때문에 대치동에 입성하는 경우가 대부분이라고 덧붙였다.

아직 자녀가 아주 어리거나 없는 대치키즈 출신의 젊은 신혼부부도 부동산을 임장하러 오는 등 대치동을 눈여겨보는 분위기다. 이 대표는 "특정 단지를 염두에 두지 않고 막연하게 '대치동 입성을 희망한다'며 찾아오는 경우도 많다"고 말했다.

대치동에서 직접 자녀를 키워본 경험이 일을 하는 데 도움이 됐다는 이 대표는 "자녀의 성별, 남매인지 형제나 자매인지 여부, 나이 등을 확인하고 그에 맞는 단지를 추천하려 노력한다"며 "아예 대치동, 도곡동, 역삼동 지도를 펼쳐놓고 의논하기 때문에 상담이 길어지는 편"이라고 말했다.

그는 "아이들 교육에 신경 쓰기 쉽지 않은 워킹맘들이 대치동 입성을 주저하는 성향이 강한데, 직접 경험해보니 오히려 워킹맘에게 대치동 입성을 권할 수 있게 됐다"고도 했다. 밤늦게까지 학생이 안전하게 오갈 수 있고, 면학 분위기가 잘 조성돼 있는 만큼 워킹맘들 입장에서도 아이들 키우기에 최적의 환경이라는 것이 그의 설명이다.

이 대표는 "'대치동 학생들은 대체로 순하다'는 평가를 많이 접한
다"면서 "성적과 무관하게 주변 친구들 대다수가 많은 공부량에 단
련돼 있는 분위기라 학습에 거부감을 갖는 사례가 타 지역에 비해
적은 편인 것을 체감한다"고 전했다.

부동산 관점에서는 어떨까? 이 대표는 대치동을 "전월세 수요에
있어서 비교적 경기를 덜 타는 곳"이라고 표현했다. 그는 "공부하러
들어왔다가, 공부가 끝나면 방을 빼는 순환 구조가 명확한 지역"이
라면서 "서울의 다른 지역보다도 전월세 거래가 꾸준한 것을 체감
한다"고 말했다. 다만 "그만큼 매물 경쟁도 치열하다"고 덧붙였다.

공인중개사가 이런 질문까지?

"아이도 대치동에 오고 싶어 하나요?"

이 대표가 모든 고객에게 빼놓지 않고 하는 질문이다. 그는 "오지
랖처럼 들릴지 몰라도, 전입의 주체가 학생인 곳이기에 혹시 이사
가 부모의 독단적인 결정은 아닌지 꼭 확인하는 편"이라고 말했다.

그러면서 "자녀가 대치동 학원을 많이 다닌다고 무조건 좋은 대

학에 가는 건 아니"라고 단언했다. 그는 "외부에서 조명하는 것처럼 대치동이 극성 학부모만 가득하고, 학생을 숨 막히게 하는 곳은 아니"라면서도 "대치동에서 공부하고 싶다는 자녀의 자발적인 의사가 뒷받침되지 않고서는 버티기 힘든 것도 사실"이라고 말했다. 자녀의 성향을 충분히 파악하고 대화를 통해 전입을 결정해야 한다는 설명이다.

다만 "대치동도 여느 동네처럼 전월세 가격 범위가 넓다"고 설명했다. 그는 "자녀에게 공부 욕심과 분명한 목표가 있다면 대치동에도 전세 2~3억 원 선의 빌라 매물이 있다"며 "아이가 공부에 특출난 재능이 있는 데다 스스로 대치동 입성을 희망해서, 예산에 맞춰 전입하는 부모도 꽤 봤다"고 말했다.

4

매일같이 강사를 쇼핑하는 곳

늘 평가 대상이 되는 대치동 강사

"대치동 아이들에게 학원 강사는 선생님이 아니라 쇼핑 대상 같아요."

대치동 강사 5년 차인 박병조 씨는 대치동 학생들의 특징을 묻는 질문에 "수업을 준비하고 진행하는 과정에서 긴장이 많이 된다"며 이같이 말했다.

대학교 3학년이던 2012년에 학원 강사를 시작한 박 씨는 경력을 쌓아 2019년 대치동에 입성했다. 그는 "강사들에게 대치동은 종착지나 마찬가지"라고 했다. "학원 강사를 하는 사람들은 시기가 문제이지, 언젠가는 대치동으로 가야 한다고 생각하며 산다"며 "가장 큰 이유는 벌 수 있는 돈의 차이가 크기 때문"이라고 설명했다.

실제로 대치동에 와보니 공짜는 없었다. 돈은 많이 벌 수 있었지만, 그만큼 경쟁이 치열했다. 학원도 많고, 그 수많은 학원에 근무하는 강사는 더 많았다. 노력하지 않으면 언제라도 밀려날 수 있는 상황이었다.

특히 대치동은 시중 문제집을 쓰는 강사는 살아남을 수 없다. 이 때문에 강사 이름이 적힌 교재를 반드시 개발해야 한다. 시즌마다 새로운 문제로 교체하는 것도 필수다. 박 씨는 "대치동 학생들은 기존에 봤던 문제가 실린 문제집은 좋아하지 않는다"며 "새로운 문제, 보지 못했던 유형의 문제를 봐야 공부했다고 생각한다"고 설명했다.

강의 방식에도 차별성이 필요하다. 학생 대부분이 선행을 했고, 많은 내용을 알고 있기 때문에 수업 연구를 허투루 해서는 들통이 나기 일쑤다. 그는 "저 선생님한테는 배울 게 있다는 생각이 들어야 수업을 듣는다"며 "같은 내용이라도 특별하게 포장을 잘하는 기술도 필요하다"고 말했다.

명품만 입는 강사의 속사정

대치동 학원 강사는 옷차림도 신경을 써야 한다. 학생들이 강사를 평가하는 기준에는 외모도 포함돼 있기 때문이다. 박 씨는 "단과학원은 학생 숫자대로 월급을 받고, 학생들도 그것을 안다. 월급을 계산해보고 돈을 못 버는 강사는 무시한다"며 "잘나가는 강사로 보이기 위해 명품 옷만 입는 선생님도 있다"고 전했다.

이렇게까지 해야 하는 이유는 대치동 학생들은 수업이나 강사가 마음에 들지 않으면 바로 그만두기 때문이다. 그는 "이것도 해보고, 저것도 해보고, 마음에 들지 않으면 갈아타는 '강사 쇼핑'이 늘 이루어지는 곳"이라고 설명했다.

다만 장기적으로 봤을 때 이렇게 강사를 갈아타는 것이 학생들에게 좋지 않을 수도 있다고 우려했다. 한 선생님에게 꾸준히 배워서 약점을 보충해나가야 하는데, 여기저기 옮겨 다니다 보니 못하는 부분은 계속 못하는 학생이 많다는 것이 이곳 강사들의 진단이다.

박 씨는 "어릴 때부터 선행을 많이 하니까 공부를 많이 했다고 생각해 수준이 높은 수업만 들으려는 학생이 많은데, 이런 경우 고등학교 때 결국 실력이 드러난다"며 "지금 인기 있는 선생님을 찾는 것보다 학생 자신과 잘 맞는 선생님을 믿고 꾸준히 함께하는 것이 더 낫다"고 조언했다.

다만 대치동 학원이 경쟁력이 있고, 학생들에게 도움이 되는 것은 틀림없다고 했다. 그는 "미래에 자녀를 갖는다면 대치동에서 교육을 시킬 것"이라고 했다. "초등학교나 중학교 시절에 이해 능력이 없는 상태에서 무조건 쏟아붓는 교육은 부작용이 있는 것 같다"며 "다만 고등학생의 경우, 다른 지역보다 강사들 수준도 높고, 경쟁력이 있는 만큼 대치동에 보내는 것이 좋을 것"이라고 말했다.

대치동 이야기

5

6살에 이미
서울대 의대가 목표

아이 '완벽 성공' 앞서 불안 커지는 대치 부모들

교육의 중심에 설 아이와 학부모를 마주하는 교육 컨설턴트가
바라본 대치동은 어떤 모습일까?

이른바 강남키즈로 유년기를 보내고 대치동에서 영어 강사를 하
다가 지금은 유아, 초등학생 대상 교육 컨설턴트로 일하는 20년 경
력의 박은주 링고맘에듀 대표에게 기억에 남는 상담 사례가 있는
지 물었다.

박 대표는 "아이 교육 때문에 불안해하는 엄마를 진정시키느라
힘들었던 적이 있다"며 입을 열었다. 6세 아이를 둔 한 학부모가 '서

울대 의대를 목표로 한다'며 상담을 의뢰해왔는데, "아이는 유전적 자질은 우수했지만, 심리적으로 불안한 모습을 보였다"고 말했다. 그는 "가정의 문제점을 분석하는 데 더 많은 에너지를 쏟았다"며 "교육 컨설턴트로서 무엇보다 아이가 건강하고 성숙한 어른으로 성장할 수 있도록 도움을 주고자 했다"고 회상했다.

대치동에서는 적지 않은 학부모가 자식들 교육에 불안을 느낀다. 이 불안이 건강하게 작용해 긍정적인 발전을 끌어낼 때도 있으나 반대의 경우도 분명히 있다고 전문가들은 입을 모은다. 박 대표는 "대치동의 수많은 성공 사례를 보며 '대치 드림'을 안고 입성하는 학부모를 수없이 만나왔다"면서도 "그러나 대치동의 이면을 솔직하게 알리는 것 역시 컨설턴트가 해야 할 역할"이라고 했다.

대치맘이자 교육 컨설턴트인 그가 바라본 대치동

박 대표 역시 "언제나 불안하고 초조한 마음을 가진, 평범한 중학생 아이를 둔 부모"라고 털어놨다. 그를 비롯한 부모들의 불안은 학원만 보내놓고 '나 몰라라' 하는 것이 아닌 '완벽'을 위한 지속적인 개입과 관리로 이어지고 있었다. 학원도 이런 부모의 마음을 알기에 밤 10시 수업이 끝난 뒤에도 상담을 이어가고, 주말에도 모바일 메신저 대응을 게을리하지 않는다. 박 대표는 "대치동 부모들은 아이의 나잇대별 목표 학습 플랜이 명확하다. 이를 위한 적합한 학원을 고르는 데 상당히 신중하다"고 했다.

이런 분위기 속에서 개인 컨설팅을 문의하는 학부모 대다수는 성적이 우수한 자녀를 둔 것으로 파악됐다. 박 대표를 찾아오는 적지 않은 의뢰인이 어린 자녀의 의대 진학을 목표로 하고 있었다. 박 대표는 "부모가 전문직 종사자인 경우가 많다 보니, 다들 공부로 인생을 설계해가는 것을 자연스러워한다. 이미 자신의 아이들이 우수할 것이라는 전제하에 컨설팅을 의뢰한다"며 "유아기부터 교육 컨설팅을 원하는 이유는 계획을 짜는 데 실수를 줄이고 정보의 홍수 속에서 비용과 시간을 효율적으로 쓰기 위해서"라고 했다.

박 대표에 따르면, 대치동은 영어 학습 시작 연령이 타 지역에 비해 어리고 학습 기간이 길다. 통상 4세부터 영어 학습을 시작하는데, 초등학교 입학 전까지 영어 능력을 최대치로 끌어올리는 것에 주력한다. 아이가 자라 초등 4~5학년이 되면 진지하게 대학입시를 고민한다.

또 대치동 아이들은 타 지역에 비해 독서량이 월등히 많고 대부분 어린 나이부터 논술학원에 다니는 데다 초등 수준 이상의 책을 읽는 데 익숙하다는 것이 박 대표의 설명이다. 그는 "아이들이 놀이터에서 하는 대화를 들어보면 수준이 높아 놀랄 때가 많다. '너 이 책 읽어봤어?'라고 묻는광경을 자주 목격한다"며 "수학 과목을 두고 선행 속도나 어떤 학원에 다니는지를 서로 파악해가며 경쟁하는 모습을 목격할 때는 경쟁이 과한 듯해 걱정되기도 한다"고 했다.

다만 대치동 부모들이 아이가 명문대에 진학하는 것만이 유일한 인생 항로라고 생각하지는 않는다는 점도 강조했다. 그는 "일단 중등 시기까지는 학업에 몰두하도록 환경을 갖춰보지만, 아이가 국내 입시에서 경쟁력이 없다는 판단이 서면 다른 진로를 찾을 수 있게 적극적으로 돕는다"며 "대치동에는 체대나 미대 등 예체능 계열 입시, 해외 유학 트랙을 준비하는 기관도 다양하게 있다. 이를 위한 정보를 큐레이팅해주고 입시의 길로 안내하는 컨설팅 조직이 많다"고 설명했다.

현재 대치동 사교육 시장은 변화하고 있고, 여러 움직임을 보인다는 점도 박 대표는 주목했다. 실제로 최근 들어 거대 학원 간 합병이나 협력 소식이 들리는가 하면, 오프라인 학원을 운영하면서도 전국형 온라인 수업을 동시에 진행해 외형 확장에 나선 곳이 점차 늘어나고 있다. 다만 박 대표는 "대한민국 교육 1번지 대치의 네임밸류는 지속될 것"이라면서 "교육 방식이나 비즈니스 모델은 점차 변화할 것이며, 학령인구가 줄어들고 급격한 입시제도 변화를 겪으면서 교육 콘텐츠가 다양해질 것"이라고 전망했다.

그러면서 "전통적인 학습 범위를 넘어 창의성과 글로벌 역량, 심리적 안정까지 아우르는 교육을 추구하는 경향을 보일 것 같다"며 "컨설턴트로서, 그리고 대치동 학부모로서 사교육 패러다임이 아이들에게 더 폭넓고 다양한 교육 기회를 제공하는 방향으로 나아가기를 바란다"고 말했다.

6

대치키즈들이
스포츠를 하는 이유

어릴 때부터 '고급 스포츠 문화' 익숙

"평범하지 않은 스포츠를 경험하게 해주고 싶은 학부모들이 아이의 손을 잡고 많이 찾아옵니다. '펜싱을 배운다'는 것 자체가 자부심이 되기도 하니까요."

손지윤 아이스웍스 펜싱팀장이 먼저 꺼낸 이야기다. 그는 "대치동에는 고급 스포츠 문화를 어린 나이부터 접하는 아이들이 많다"며 "펜싱을 배우는 아이 대부분이 골프도 배우고 있다"고 했다.

손 팀장을 만난 것은 오후 5시, 한티역에서 도보 10분 거리에 있는 아이스웍스에서다. 링크 네 곳 가운데 한 곳에서는 펜싱 수업,

다른 두 곳에서는 아이스하키 수업이 한창이었다. 학부모 대부분이 통유리창 너머로 아이들의 수업을 지켜보며 사진을 찍거나 격려를 보냈다.

손 팀장이 진행하는 피겨 수업에서는 기술 연습이 이루어졌다. 스케이트로 항아리 모양을 그리며 뒤로 가기, 반원을 그리며 앞으로 가기 등을 연습했다. 아이 네 명이 각자의 진도에 맞춰 손 팀장의 지도를 받았다.

대치동 학부모들 사이에서 빙상스포츠학원은 인기가 높다. 여자아이는 피겨, 남자아이는 아이스하키를 일찌감치 시작하는 경우가 많다. 아이스하키를 배우는 아이 5~7명 중 1~2명은 여자아이다. 취학 전인 5살부터 초등학교 고학년까지가 가장 많고, 중학교에 입학하면서부터는 이어가지 못하는 경우가 대부분이다.

피겨학원도 다른 학원과 마찬가지로 아이들의 바쁜 일정 가운데 테트리스처럼 짜맞춰진다. 피겨를 하기 전후에 다른 학원에 가야 하기 때문에, 대부분은 주 1~2회, 약 1시간 내외의 그룹 수업을 듣는다.

대부분이 부모님의 권유로 피겨를 시작하지만, 일부 학생들은 공부하듯 피겨에 집념을 발휘하기도 한다. 손 팀장은 "의사가 꿈인 한 초등학교 저학년 학생은 한번에 3~4시간 연속으로 레슨을 듣는다"며 "선수들도 3시간 이상 스케이트를 신으면 발이 무척 아픈데도 그렇다"고 말했다.

이어 "이 학생은 배운 기술을 익히지 못하면 집에 가고 싶지 않다며 울기도 한다"며 "하나에 꽂히면 해내는 습관이 있어 공부도 잘하는 것이라고 느꼈다"고 덧붙였다. "이 학생뿐만 아니라 많은 아이들이 공부를 하며 다졌던 끈기와 집중력을 피겨학원에서도 보여준다"고 했다.

아이들은 이렇게 실력을 키워 아마추어 대회에 출전하기도 한다. 손 팀장은 "학부모들은 대회를 통해 큰 링크장 안에 혼자 들어가 그 압박감을 이겨내는 훈련을 시키고 싶어 한다"며 "대회 참가를 위해서는 개별적인 레슨과 안무가 필요하다"고 설명했다.

다만 어디까지나 대치동 학생들의 일과는 학업 위주로 돌아간다. 아이들이 선생님에게 털어놓는 이야기는 대부분 성적이다. 손 팀장은 "아이들은 주로 오늘 시험에서 몇 점을 맞았는지, 자신이 어느 과목을 잘하는지 말하고 싶어 한다"며 "5살 남짓 되는 어느 학생은 그날 배운 수학 문제를 얼음 위에 쓰고 풀어 보이는 것을 매우 좋아한다"고 했다.

그는 피겨학원이 수많은 학원 가운데 하나에 그치기를 원하지 않는다. 앉아서 공부하는 다른 학원들과는 다른, 힐링의 공간이 되기를 바란다. 손 팀장은 "교과 관련 학원에서는 빠듯하게 진도를 쫓아가고, 문제를 틀리지 않아야 한다는 강박에 시달릴지도 모를 아이들이, 피겨 수업만큼은 잘하지 않아도 재미있는 시간으로 느꼈으면 좋겠다"며 "어려움과 한계보다는 성취를 느낄 수 있도록 하는 것이 지도 과정에서 가장 신경 쓰는 부분"이라고 강조했다.

대치동.

이 책의 시작은 이 한 단어에서 시작됐다. 대치동에 대한 이야기는 몇 시간이나 떠들 수 있지만, 각자의 '라떼'에 멈춰 있었다. 하루하루가 다르게 변화하는 대치동을 제대로 아는 사람은 없었다. 누구나 안다고 생각하지만 그래서 더 잘 모르는 대치동을 제대로 파헤쳐보자는 데 의견이 일치됐다.

《대치동 이야기》는 2024년 4월 15일부터 10월 21일까지, 매주 월요일 한경닷컴에 실린 〈대치동 이야기〉 시리즈를 정리한 책이다. 한국경제신문과 한경닷컴의 기자들이 매주 1명씩 돌아가며 대치동을 분석했다. 대치동 학원 골목을 수없이 오갔고, 학생들과 강사들을 만났다. 대치동의 학교, 편의점, 부동산, 식당도 모두 취재 대상이었다. 대치동의 모든 것을 담아내 구독자들에게 전하고 싶은 마음이었다.

기사가 한 편씩 나올 때마다 구독자들의 많은 관심과 응원을 받았고, 책으로 엮어달라는 요청이 이어졌다. 그 기대에 부응하고자, 입시를 앞둔 학부모들과 학생들에게 실질적인 도움이 될 수 있도록 내용을 확장하고 체계적으로 정리해 한 권의 책으로 완성했다.

대치동은 우리나라에서 가장 치열한 입시 교육의 중심지다. 영유아 대상부터 대입, 예체능에서 국영수 등 모든 종류의 학원이 모여 있고, 입시와 관련된 거의 모든 정보를 얻을 수 있다. 동시에 유아기부터 시작되는 과도한 경쟁과 엄청난 사교육비가 필수적인 곳이기도 하다. 이 책에서는 대치동을 단순히 열망하거나 비판하는 대신 최대한 객관적으로 전달하려고 했다.

우리나라는 거의 대부분의 개인이 교육으로 성장한 아주 독특한 문화를 가지고 있다. 이 때문에 교육은 모두의 관심사로 백가쟁명식 토론이 나오는 영역이다. 이 책에 대한 의견도 100가지로 나올

수 있다. 그 역시 한국의 교육 실정과 대치동이라는 독특한 지위를 생각할 때 피할 수 없는 일이라고 본다. 이에 대한 평가와 판단은 독자들에게 맡기고 싶다.

다만 그동안 대치동에 대해 잘 몰랐던 학부모와 학생들에게 이 책이 좋은 정보가 되길 바란다. 대치동은 그곳에 사는 일부 사람들만 접근할 수 있는 곳이었다. 그리고 입성하려면 많은 비용과 시간이 필요한 곳이기도 했다. 그곳을 모르는 사람들은 입시나 시험에서 불이익을 받는다고 생각했다. 실제 손해를 봤는지 여부는 각자가 평가하는 것이겠지만, 적어도 대치동을 몰라서가 아니라 알고나서 선택할 수 있는 될 수 있게 되기를 바란다.

특히 통합 수능, 킬러 문항 배제, 의대 증원에 이어 2028학년도 대입 개편이라는 큰 파고가 남아 있다. 그 파고를 넘는 데 이 책이 조금이나마 도움이 되길 바란다.

이 책이 나올 때까지 물심양면으로 지원해주신 정종태 한경닷컴 대표, 이심기 한국경제신문 편집국장, 김형호 한국경제신문 부국장, 송종현 한경닷컴 뉴스국장께도 감사의 말씀을 드린다.

대한민국 사교육 1번지 심층 분석

대치동 이야기

제1판 1쇄 인쇄 | 2024년 12월 30일
제1판 1쇄 발행 | 2025년 1월 6일

지은이 | 한경미디어그룹 특별취재팀
펴낸이 | 김수언
펴낸곳 | 한국경제신문 한경BP
책임편집 | 마현숙
교정교열 | 박선영
저작권 | 박정현
홍　보 | 서은실·이여진
마케팅 | 김규형·박정범·박도현
디자인 | 이승욱·권석중

주　소 | 서울특별시 중구 청파로 463
기획출판팀 | 02-3604-590, 584
영업마케팅팀 | 02-3604-595, 562　FAX | 02-3604-599
H | http://bp.hankyung.com　E | bp@hankyung.com
F | www.facebook.com/hankyungbp
등　록 | 제 2-315(1967. 5. 15)

ISBN 978-89-475-4991-2　03370